JN044874

カード・マジック宝石箱

氣賀 康夫

泉文堂

推薦の言葉

　カードケースに入った一組のカード。これ程エキサイティングなマジックの素材は他にありません。カードマジックを見た事がない，演じた事もないというマジックの好きな人は私は知りません。カードに始まりカードに終わると言われるマジックの代名詞的な存在で，一生かけても覚えきれない程の種類が存在する奥深い世界がカードマジックにあります。

　本書ではマジック研究家として活躍している氣賀さん秘蔵のオリジナルカードマジックを凝縮した保存版レベルの解説書です。

　洗練した手順，熟慮したストーリー，絶妙なルーティン，着想の奇抜さ，レベルを超えた観客目線，反応までも考察した非常に内容の濃いマジックのオンパレードはカードマジックの好きな方には大変勉強になります。
　初心者の方にはマジックに欠かせない基本からすぐに覚えられる技法，そして，汎用性のある優れた技法も丁重に解説してあり，安心して学べます。それらの技法や扱い方を覚えると，嬉しいことにレベルの高い優れたマジックも修得できるようになります。

　コインマジックやカードマジックの本をはじめ，氣賀さんが出版されてきた全ての著書を読んできましたが，解説の分かりやすさ，丁重さにその都度心を奪われてきました。読者の皆様も本書で内容の濃いマジックの修得と同時に，氣賀マインドと言われるものが心に響く事でしょう。
　私も本書の中で解説している幾つかのマジックを，私なりにTVでも演じたいと思っています。

　本書はカードマジックに興味を持つすべての皆様に薦めたい良書です。

皆さんもどうぞ，お楽しみください。

by　トランプマン

┌─ ≪トランプマン≫ ─────────
│ 国籍・名前・素性・生年月日は非公表。
│ 正体不明，謎のマジシャン。
│ 身近なテーブルで見せるマジックもトランプ
│ マンの得意とするところ。目の前でみるトラ
│ ンプマンの驚きのマジックは感動の世界です。
└──────────────────────

ま え が き

　カードマジックは奇術の詩であると言う人がありますが，取りあげ方によってはその通りだと思います。このたび泉文堂のご協力でこのユニークな本を編纂することになりました。カードマジックは筆者がこれまで60年間にわたり内外のマジシャンと交流を続けながら絶え間なく研究を続けてきたテーマです。その意味でこの本は筆者のライフワークになりそうです。

　実は筆者は1965年頃母校の奇術クラブの新しい会員のためにテキストブックを活版印刷したことがあり，その内容は高木重朗師のお勧めで1972年に「百万人のトランプ手品」の書名で立体社から出版されることになりました。その後その出版権は金沢文庫に引き継がれましたが在庫が底をつき，1996年に小野坂東さんのお勧めがあり，「トランプマジック」の書名で東京堂出版から改定版で出版することになり，その続編として「ステップアップカードマジック」が東京堂出版から2005年に出版されて「百万人のトランプ手品」の全内容が再び日の目を見ることになりました。

　これらの本の企画は，オーソドックスなカード奇術の教本を目指すものであり，各章にカード奇術の技法を分類し，それを用いる奇術を取りあげるという編纂方針を採りました。

　ステップアップカードマジック刊行から15年以上も経過したこの2022年に至り，泉文堂のご配慮と筆者が籍を置く東京アマチュアマジシャンズクラブのお仲間のご協力を受けて，この度新しい本が作られることになりました。この本が前書と異なるのは，今回は取りあげる奇術を中心に編纂をし，それに用いられる技法を別途解説するという点で，本の構成が対照的であることです。

　多くのカード奇術は確立した技法を複数活用するのが一般的であり，奇術の解説と技法の解説は独立される方が好ましいという考え方は前書のときと変わりはありませんが，取りあげる奇術はそのプロットを大切にし，技法の応用という視点での選び方ではないことにご注目いただきたいと思います。

カード奇術は一体幾つあるのか？それは数え方にもよりますが，何万とか何十万とかいう人もあります。しかし，カード奇術は，多く知れば知るほどいいというものではありません。筆者は知っているカード奇術の数を自慢したいと思ったことはなく，また真面目にその数を数えようとしたこともありません。

　二十世紀最大のカード奇術研究家として世界中の愛好家から敬愛されたDai Vernon（1894－1992）は「カード奇術の研究は20世紀に多くの研究者の手でなされたが，その間に生まれた新しい奇術はPaul Curry（1917－1986）の「Out of This World」ただ一つである」と発言され，その他の研究は知られた原理の堂々巡りであると喝破されたのでした。この発言にはもちろん誇張もありますが，一面の真理を物語っています。そこで，筆者はこの本で多くの奇術を取りあげようという方針はとらず，古典的なカード奇術の魅力的なプロットを厳選してそれを十種類だけ取りあげることにいたしました。ただし，そのプロットの演出については筆者の工夫と研究を十分に盛り込むことにしております。Vernonは「愛好家は知っている奇術を沢山演じたがる傾向があるが，実際に演ずるとすればカード奇術は一度に三種類で十分であり，それ以上見せようとすると観客がうんざりするのは確実である。」と沢山演じたいという人を諌めています。これは誠に的を射た助言です。「一度に３演目！」と考えれば，同じ相手に再び何かを見せるときはまた別の３演目，そう考えると，３回分で９演目ですから，10演目で十分です。仮に４回目があるときには最初の３演目を再演してもいいでしょう。

　なお，10演目に登場しなかった大切な技法もありえるので，それを用いた奇術を含めて，筆者が愛好する奇術をご紹介し，同時に未解説の技法を解説することを考えると，本書の趣旨が一貫して，本書のいい下巻が出来あがると考えております。それが出来あがったら本書同様にお楽しみいただきたいと思います。

　奇術についてはサーストンの三原則と呼ばれる教えがありますが，最後に筆者が大切にしたいと考える新しい三原則をここに取りあげておくこととします。

1 奇術の創作

　全く世の中になかった新しい内容の奇術が創作できれば，それは素晴らしいことです。しかし，今日では，そのような例があまり見られなくなっています。そこで，多くの研究者は既存の奇術をいじりまわすことになります。そのとき，大切なことは，「自分の作品を作りたい」という動機で研究することはあまり生産的とは言えないという点です。言い換えると，既存の奇術に手を加えるというときには，必ず何らかの点で，「原作よりここが勝る」という改良点がなければならないということです。このことは奇術研究者が陥りやすい落とし穴を避けるために心していなければならない大切な点です。

2 上手い奇術，不思議な奇術

　Derek Dingle（1937-2004）は筆者がニューヨークに留学中に英国からアメリカに移住してきた研究家であり，その後アメリカで活躍した人気マジシャンでした。筆者も彼の演技を楽しみました。非常に器用でうまい奇術家でしたが，何となく怪しい演技であり，いま回顧すると彼は「上手い！」と言われるのが無上の喜びだったように思えます。筆者のニューヨーク留学中に同じ市内の大学で数学を勉強していたVernonの愛弟子のPersi Dianocis（1945-）に筆者が「Dingleは上手いが怪しい。」と感想を述べたとき，「うまさが目につくのは本物でない証拠であり，いい奇術の演技は自然に見えてしかも不思議であるべきである。」と応えました。言われてみればその通りであり，読者も上手いと思われる芸でなく，魔法のように不思議に見える芸を目指すべきだと思います。

3 楽しい奇術

　私が西海岸である奇術家が楽しい芸を演じたのを見て褒める発言をしたとき，それを聞いていた若き研究家Larry Jennings（1933-1997）が「奇術は不思議を見せるのが目的であり，楽しい見世物にするのは邪道だ。」と切り捨てるような発言をしました。Jenningsは自然で不思議な奇術を演ずる名手でしたが，早世したのを残念に思います。しかし，筆者はJenningsの上記主張には賛成でき

ません。奇術が科学実験ならその考え方もわかりますが，奇術は一種の芝居であり，究極的にそれはエンターテインメントですから，いい奇術は不思議であると同時に，観ていて快いものでなければならないと考えます。そう考えると，楽しい演技は正道であると筆者は考えております。不思議だが観ていて不愉快だと言われないような演技をするためのコツは，「観客のために奇術を演ずる」という奉仕の精神であることを覚えておいてください。

　ある面で，奇術は「テクニック」であると言えますが，さらにその質を追求すると奇術は「アート」であると言えると研究家の小野坂東さんが主張しています。私も全くその通りだと感じ，「奇術」はいずれ「奇道」と呼ばれるようにならなければからないと感じます。

　日本武道の世界を見ると，柔術が柔道になったように，剣術が剣道になり，弓術も弓道と呼ぶようになっていますが，これはそれらの武道が「テクニック」か「アート」になったことを表現していると思います。それにならうと将来は「奇術」は「奇道」とならなければならないということになります。その時代はいつ来るのでしょうか。

　筆者は本書の読者が観ていて楽しい質の高い演技をするマジシャンになることを期待しております。

　　2022年12月

　　　　　　　　　　　　　　　　　　　　　　　　氣賀　康夫

目　　次

技 法 編

≪コラム≫

≪思い出のカード奇術の名手10人≫

≪QRコード≫

奇術編以降の章タイトルのところにQRコードがあります。

それを読み取ることにより，その章の実践動画を見ることができます。

使用する
カードについて

　カード奇術の主役はもちろん「カード（トランプ）」である。カードはポルトガル語では「カルタ」であり，日本語の「カルタ」はそれから来ているとされる。

　英語では「トランプ」のことを「Playing Cards」と呼ぶ。この「カード」を「トランプ」と呼ぶのは世界中で日本だけである。英語で「trump」というとブリッジなどの遊びで「切り札」のことである。明治維新で外国人が来日しカード遊びをしているとき盛んに「trump」という言葉が聞こえたので，それを見た日本人が「カード」のことを「トランプ」というものと早合点したのがその語源であろうと言われている。いまでは確かめようがないが，有りそうな話である。ついでに言うとドイツではカードを「カルテ」というが，日本でカルテというと「トランプ」でなく，医師の患者医療記録の意味になるようである。

　カードマジックはこのカードを使った奇術であり，英語では「card magic」と総称する。個別のカード奇術は「a card trick」という。

　カード奇術の主役はこのカードであるが，奇術では用いるカードについて「弘法筆を選ばず」という考え方はよくない。

　カード奇術を綺麗に演じるためには質のいいカードを使う必要がある。お勧

めしたい市販のカードの銘柄はただ一つ，The U.S. Playing Card Companyが製造販売しているBicycle印の品である。

　Bicycleにはいろいろな裏模様のものがあるが，広く奇術家に愛用されているのが，Rider Backと呼ばれるものであり，その模様を写真1に紹介しておく。なお，このRider Backのカードは通常，青裏のものと赤裏のものを揃えて求めると使い勝手がよい。そのほかに変わり種の黄色，緑，橙色のカードもあるが特殊なニードでないかぎり，その利用はお勧めしない。

　ところで写真1はポーカーサイズと呼ばれる大きさのカードであり，そのサイズは縦88mm横63mmである。

写真1　　　　　　　　写真2　　　　　　　　写真3

　写真2はポーカーサイズよりも横幅が狭いブリッジサイズのカードである。そのサイズは縦88mm横57mmである。縦の長さはポーカーサイズと変わらない。
　写真2はBicycleのブリッジサイズである。なお，ブリッジサイズで，よく使われるのは同じメーカーのCaravanまたはAviatorの商標のものである（写真3）。

　奇術に使うのにポーカーサイズとブリッジサイズとどちらがいいかという問題はなかなか微妙であり，一概に決めるつけることができない。テーブルの上のクロースアップマジックではポーカーの方が見やすいという意味もあり現在はポーカーが主流である。

　筆者の記憶をたどると，1955年ころはポーカーが主流であった，ところが1965年頃にはブリッジサイズが流行し，Caravan，Aviatorが大活躍するようになった。ところが1985年以降かと思うが再びポーカーが主流となった。

　カード奇術で大切なpalmとかpassというような技法を実行するには幅が狭い方が楽なのは明らかである。しかし，ポーカーの方が見栄えがするという見方も成り立つ。

　さて，カードは新品の箱の封を切り，中身のカードを取り出すと表面がスルスルである。表に何か微細な粉を施してあるのかと感ずるほどである。この状態はカードが滑りすぎで，あまり奇術の実演に適さない。

　しかし，しばらく手にしていると表面の摩擦が最適の状態になる。これが奇術で使うカードの理想の姿である。

　ところが，なお使い続けていくと，カードの質がだんだんに劣化していく。その最大の原因は手のよごれである。したがって，カードを大切にするなら，練習や実演の前には手を洗うべきである。ただし洗いすぎると指がカサカサになり，操作がしにくくなることもある。

　手からカードの表面に付着するのは単なるよごれだけではなく，手の汗が無視できない。これは避けられない。指の汗は普通は目立たないが，必ず一定の発汗があるので，使用後に乾いても汗に含まれる塩分，油分がわずかにカードの表面につく。そして，それが累積すると，だんだんにカードの表面のスムーズさが失われ，最後には表面がべたつく状態にまで至る。こうなると1枚と思って手にしたカードが2枚であったり，2枚を重ねて取りあげたつもりが3枚であったりというようなアクシデントに遭遇するようになる。

　また使用によって，カードの縁の紙の繊維がほつれてくるのも劣化の一要素であり，これも1枚のつもりが2枚になってしまう原因となる。

　こうなったらそのカードは奇術での使用には適さない。

　なお，このように古くなったカードを再生するためにカードに手入れをする

方法があるかと問われれば，それは皆無だとは言えない。お勧めは乾拭きまでである。アルコールやベンジンの沁みた布で裏表を擦るのは有効ではあるが，そうすると表や裏の印刷が流れてしまう。したがってこれはあまりお勧めできない。

　カードの古さはカードの表裏でなく，一組のカードの側面を見るとその色でわかる。新品では紙の地の色であり，ほぼ白であるが，使っていると手の汚れや汗でだんだんに黒ずんで来る。何組かのカードを並べて側面を見るとその古さの差が歴然とする。なお，この側面をアルコールで拭くと白さがある程度復元する効果がある。ところが，それをやると，目に見えないがカードの縁が毛羽立って来る。そうなるとカードを1枚押し出したつもりなのに2枚以上がくっついて出てくるという事象に遭遇する。だから，実用的にはカードの側面を磨くことはあまりお勧めできないのである。

　最後に常にカード奇術のためにいい状態のカードを使うための大切なことをまとめておく。

1　カードを扱うときには手を清潔にすることはプラスである。
2　使用によりカードが劣化することは避けられない。劣化したカードを再生する努力はあまり役にたたない。
3　お勧めは，使って劣化してきたカードは思い切って使用を中止し，新しいカードに切り替えることである。

高木重朗氏はよくカードを手にして練習しておられたが，週に1回は古いカードを捨てて新品の封を切るようにしているとおっしゃられた。ここまで気を使えば，奇術にとって理想のカードがいつでも使えることになる。

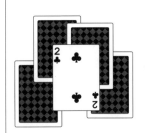

カードの持ち方
(Standard Way to Hold Cards)

　カードをどう持つのがいいか？そんなことは自由でいいではないかとも考えがちだが，そうは簡単に割り切ることはできない。カード奇術をスムーズに演じるためには，一般の人がカードを扱うときの姿を参考にするのが正しいアプローチである。以下にそのおすすめの標準的カードの持ち方を説明しておきたい。

 ## 左手の持ち方 (配り手の持ち方 (Dealing Position))

　一組か一山のカードを左手に持つ場合，これが標準という持ち方がある。まず，カードを左手の掌に置く（第1図）。そのまま，指を曲げてカードを保持しようとすると，拇指はカードの左を支え，食指はカードの向こう端にオサエ，中指，薬指，小指はカードの右側に位置するようになるであろう（第2図）。この姿を「配り手の持ち方」と呼ぶことが多い。

　なお，そのまま手首を返すとカードの反対面を見せることもできる（第3図）。

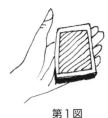

第1図

第2図

第3図

　さらに配り手の持ち方の修正型として拇指を左辺に沿うように位置させたり，食指を右側に添えることもありえる（第4図）。また，カードが掌部に収まるのでなく，カードを指先の指骨で支え，カードが掌部から離れて手に浮いているように保持するという修正形もある（第5図）。

第4図

第5図

 右手の持ち方 （Right Hand Position）

　左手のカードにそのまま右手を添えることがよくある。そのときの右手は拇指がカードの手前，食指がカードの上面，中指，薬指，小指はカードの向こう端になるのが標準である（第6図）。そのままカード全体を右手に持つこともできる，これが右手のカードの持ち方の標準である（第7図）。そこから手首を回

第6図

転させると右手のカードの反対面を見せることができる（第8図）。

第7図　　　　　　　　第8図

③ グライドフォーム（Glide Form）

　これはグライドという技法で用いる持ち方である。カードを左手の指先の指骨で支える持ち方（第5図参照）にしておいて，そのまま手首を回転させて，カードの上下を反転させるとグライドフォームと呼ばれる持ち方になる（第9図）。

第9図

④ 左手のカードを1枚，右手でテーブルに置く動作（Dealing a Card）

　左手に一組のカードを持ち，上から任意の枚数のカードをテーブルに1枚ずつ置いていく場面がよくある。これを配る（deal）と称する。そのためには配り手の持ち方から左拇指でトップカードを右方向に押しだす。それはカードの巾の半分くらいが普通であろう（第10図）。このカードをテーブルに置くときには，右手で押し

第10図

出されたカードを掴む。拇指がカードの上，食指，中指が下である（第11図）。
この右手が手にしたカードをテーブルにそのまま置くのはごく普通の動作である。また，手首を回転させて裏面を観客に示すこともできる（第12図）。

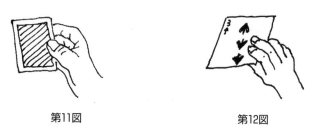

第11図   第12図

　右手でカードを持つとき，拇指を手前端，中指を向こう端に当ててカードを挟み持つ方法もある。これはやや変則的ではあるが見た目は自然である（第13図）。そのまま手首を回転し反対面を見せるのも自然な姿である（第14図）。

第13図   第14図

　左手から取ったカードを表向きにテーブルに置く場合にはやや違う指使いをする。その場合は，左手拇指が押し出したカードを取るとき右手の拇指を下にして食指，中指を上にしてカードと掴み取り，右手首を回転させてカードをひっくり返ししてテーブルに置く（第15図，第16図）。

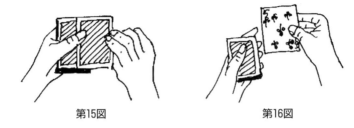

第15図　　　　　　　　　　第16図

　なお，変則的に第11図のように右手に取ったカードを第12図のように見せて
それをテーブルに置くとか，左手の山の上に置く場合もある。左手がグライド
フォームに一組を持って，右手でその一番上か一番下のカードを取るときには，
取ろうとするカードの向こう端を，右手の拇指を上に，食指と中指を下にして
カード抜くように取る。第17図はボトムを抜く姿であるが，トップのときも同
じ要領である。

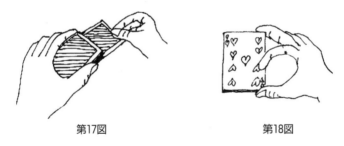

第17図　　　　　　　　　　第18図

　左手から右手に複数枚の取るときに，取るカードの下端の右隅に拇指，上端
の右隅に中指を当ててカードを持つことがよくある。このとき食指の位置は右
側の中央付近に当てがわれる。この持ち方をビドルグリップ（Biddle glip）と
呼ぶ。それはビドルムーブという技法を実行するときに用いる持ち方だからで
ある（第18図）。

5 カードの抜かせ方（Take One）

　カード奇術には観客に１枚のカードを抜かせて，それを何らかの方法で当てるという「カード当て」と呼ばれる奇術があるが，それを英語では「Take One」（１枚取ってください）と呼んでいる。

その場合，術者は最初に観客にカードを１枚抜かせるのであるが，どうやって抜かせるのがいいでろうか。よく，一組を左手に持ち，それをファン（扇状）に広げてカードを選ばせる演者があるが，それはあまり望ましくない（第19図）。

第19図

　むしろ，左手に持った一組を拇指で右に押し出してそれを右手で受け，両手の間にカードを広げる方がよりカジュアルに見えて好ましいとされている（第20図）。なお，テーブルに一組を置き，右手でそれを左から右に帯状に広げる方法もよく用いられる。これはRibbon spreadと呼ばれる（第21図）。

第20図

第21図

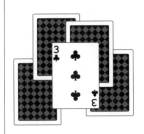

カードの切り混ぜ方
(Cuts and Shuffles)

　日本では「カードを切り混ぜる」という表現を使うが，英語ではその方法が二つに大別される。それはカットとシャフルである。

 ## テーブルカット

　標準的なカットは一組のカードをテーブルに置き，まず，右手でその上半分くらい（A）を取りあげて右側に置き，続けて，左に残った下半分（B）を取りあげて，最初の山（A）の上に乗せるというものである（第1図）。

　この動作を基本とし，さらに発展させると，山を三つ以上に分けて，再収集するというマルチプルカットの動作がいろいろできる。

第1図

 ## テーブルに置くカット

　同じ原理であるが，一組のカードを左手に持ち，右手で上半分（A）を取り，それをテーブルに置き，続けて左手に残る下半分（B）を右手に取って，最初の山（A）の上に重ねるという方法がある（第2図）。この場合も，山を二つでなく，

三つ以上に分けて同じ動作をするマルチプル
カットの手法がいろいろ可能である。

第2図

 ## 3 テーブルを使わないカット

　第三のカット方法である。左手にカード一組を持ち，右手を上から添えて
カードの上半分（A）を少し持ちあげ，左手に残るカード（B）を左手で右手の
カード（A）の左側を通って上に移動し，（A）の山の上に乗せる。ただし，この
タイミングではBの山がAの山より左に2〜3cmずれている（第3図）。そこで
両手でこのずれを解消して一組をよく揃える。
この動作で主体的に動くのが右手であれば，
テーブルを使わない普通のカットであるが，主
体的に動くのが左手であれば，アンダーカット
（Undercut）と呼ばれる動作になる。なお，通
常は手を同じ程度左右対称的に動かす人も多い。

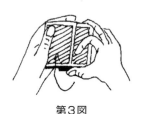

第3図

 ## 4 ヒンズーシャフル

　以上のカットは一組のカードを幾つかの山に分けて，ただその位置を入れ替
えるだけであるが，以下に説明するシャフルではカードがより細かく切り混ぜ
られる。
　最初にヒンズーシャフルを取りあげよう。ヒンズーシャフルでは，一組の
カードを左手に持ち，右手でその下の部分を手前に引き抜いて，それから，そ
の引き抜いた山を元のカードの真上に持って来て，その上の方のカードを左手

の中指で押さえて左手のカードの上に取っていくという動作を繰り返す（第4図）。この切り方は日本では標準的な切り方であるが，このヒンズーシャフルは日本からインドくらいにかけて広く東洋で用いられる切り方とされている。

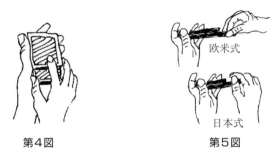

第4図　　　　　　　　　　第5図

　ここ百年以上カード奇術は主に欧米で研究され発達してきた分野であり，欧米ではシャフルと言えば次節で説明するオーバーハンドシャフルが普通である。そのためカード奇術の諸技法はそれを前提に研究がなされてきた。ところが，一部の熱心な研究家がヒンズーシャフルの研究も同時に行っている。ただし，彼らのヒンズーシャフルは右手の使い方がすこし日本とは違っている（第5図）。欧米では右手はカードを上から掴むが，日本の標準的方法では右手はカードを下から掴むように動作する。

オーバーハンドシャフル

　欧米のカードのシャフルではここに説明するオーバーハンドシャフルが主流となっている。この場合，一組のカードは左手の食指から掌部を縦断し，手首の中央に至る直線の上に立てるように持つ。カードの左側に拇指があり，右側には中指，薬指がカードを支えている。食指はカードの向こう端に当たっている。小指は食指の反対側の端に位置するのが普通である。この姿勢から右手で一組の右側（下）のカードを上に引き抜く。右手は拇指が手前，中指が向こうで，カードを挟み持つ要領である。そして，それは残るカードの左側（上）に運ばれ，左手の拇指がカードを擦り取るようになる（第6図）。比較するとヒン

ズーシャフルではカードがサイドに沿って往復を繰り返すのに対して，オーバーハンドシャフルではカードはエンドに沿って往復を繰り返す。カードはサイドよりエンドの方が短いから，オーバーハンドシャフルの方がカードの動きが少なく，省エネであり，合理的であるとも言える。

第6図

リフルシャフル

　一組のカードを二分して，その二つの山を左右の手でパラパラと辞書を繰るような動作でカードをはじくこと（この動作をリフルと呼ぶ）によって，カードを組み合わせて混ぜていくシャフルがしばしば行われる。これをリフルシャフルと呼ぶ。

　リフルシャフルにはいくつかのパターンがある。

(1)　テーブルリフルシャフル

　カードゲームの遊び手がよく用いる方法である。一組のカードを横向きにテーブルに置き，上半分を取ってそれを右側に置く。これで左右二つの山ができあがる。そこで，左の山の右下隅と右の山の左下隅を近づけて，カードが「への字」を描くようにして，両手の拇指で左右のカードが組み合わさるようにリフルを行いつつカードを混ぜるというものである（第7図）。

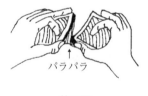

第7図

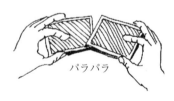

第8図

このテーブルリフルシャフルには二つの方法があり，それは二つの山のカードのどこに指をかけるかの違いである。第7図は両手の指を中央に近づけてシャフルする方法であるが，第8図は反対に両手を中央から遠くする方法である。この方がより公明正大な動作だと考えている人もあるようだ。

(2) 通常のリフルシャフル (In the Hand Riflle Shuffle)

リフルシャフルとしては，この方法の方が一般的であろうか。文章ではわかりにくいから，まず，第9図を見ていただきたい。これは一組のカードを左手に持ち，リフルシャフルの準備のため，右拇指で上半分をめくりあげてそれを右手に取ろうとする場面である。二つの山の間に左手食指が挟まっていることに注目いただきたい。これで右手はリフルシャフルの準備がほぼできている。ここから右手の食指，中指，小指で下の山の向こう端を引き上げるようにしてその端に左拇指

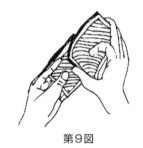

第9図

をかけると左手も同じリフルシャフルの準備の姿になる。ここから左右の山を近づけて，中央でパラパラと切り混ぜるのが一般的なリフルシャフルである。その姿は第10図である。この第9図から第10図にかけての一連の動作はテーブルの上でやるのが楽であるが，慣れればテーブルなしで，100％空中で実行することもできる。リフルシャフルが終わるとカードを揃える目的で組み合さった二つの山を逆方向に曲げてカードをサラサラと揃える方法がよく行われる。この動作をウォーターフォール（waterfall）と呼ぶ（第11図）。

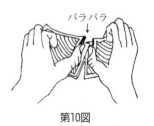

パラパラ

第10図

ウォーターフォール

第11図

(3) フェーローシャフル（Faro Shuffle）

リフルシャフルと似たシャフルでフェーローシャフル，またはファローシャフルと呼ばれる切り方がある。このシャフルはあまりゲームなどの場面ではみ

かることがない。どちらかというと奇術家の専用の切り方である。その原理であるが，一組のカードを二分してそれを混ぜるという点はリフルシャフルと同じであるが，フェーローシャフルではリフルは行われない。この場合，二つの山はただエンドを合わせて互いを押し込んでしまうだけである。そのイメージは第12図である。

第12図

この図では両手の小指がカードが合う個所を支えていることがおわかりであろう。カードの位置の安定のためである。

　このようにただカードを押すだけで二つ山が上手く混ざるのであろうか。その応えはイエスであるが，上手く行うためのコツがあるのでそれを参考のため列挙しておく。

(1)　カードは使い過ぎのものは避け，新しいものを使いたい。

(2)　二つの山はカードがやや下に凸に反り気味の方が具合がよい。

(3)　二つの山のエンド同士をただ合わせるのでなく，一方がエンドの中央であれば，もう一方はやや角度を持って，エンドでなくコーナーが相手のエンドに当たる方がよい。

(4)　二つの山は水平でなく，やや「への字」の角度を持つ方がよい。

(5)　指使いであるが，拇指，中指で外側のエンド近くを持つのがよい。食指は外側のエンドにあてがわれ，それでカードを中央に向かって押すという圧力が生まれる。小指はカードの内側の支えであるが，薬指はほとんど遊んでいる。

(6)　最後に大切なのは食指でカードを中央に向かって押すと同時に，拇指と中指でカードが触る個所を水平方向にややこすり合せることである（第13図）。

これが最後の大切なコツである。

フェーローシャフルではリフルシャフルよりもカードが細かく混ざるということを知っておきたい。カードの質が高く，十分に新しい品であり，うまくフェーローシャフルがで

押す →
押す
こすりあわせる

第13図

きると，左右の山からカードが正確に1枚おきに切り混ざるようになる。これをPerfect Faro Shuffleと呼ぶ。

「奇術種あかし」

柴田直光著　理工図書（株）　出版：昭和26年（1951年）

　これは日本で初めて近代的カード奇術を解説した貴重な文献として知られている。今日でも，ときどきページを開きたくなるような魅了的な本であり，本の前半がカード奇術解説に割かれている。筆者が奇術を始めたころはこの本が丁度絶版となっており，手に入れたくても手に入らない幻の本であった。その後，大方の要望のより再版が出されて，ようやく手にすることができた思い出がある。筆者は柴田直光氏にご挨拶したことはあるが，対話をしたことはない。しかし，筆者の恩師である高木重朗氏が柴田氏を大先輩として尊敬していたことはよく覚えている。今，考えると奇術に対する愛情と，好奇心，それと素晴らしいセンスを持つ研究家であったことがわかる。日本のカード奇術研究は柴田氏のこの本から始まったと言っても過言ではない。

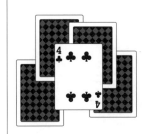

フラリッシュ
(Flourish：カードの曲芸的扱い)

　カード奇術に付随して用いられる動作にフラリッシュと呼ばれるものがある。それには不思議の要素は乏しいが，曲芸のように難しそうに見える驚きの技である。愛好家の中にはフラリッシュを見せて観客に感心してもらうことを得意にしている人もあるが，それは「上手い」と思わせたいという動機であり，「上手い」と思わせないで「不思議だ」と思わせたい奇術家はフラリッシュをあまり多用しない。ただし，フラリッシュの一部は奇術の技法として有用に活用されるのでそれを無視することはゆるされない。

　如何に主たるフラリッシュを列挙しておく。

 ## ファンカード（Fan）

　カードを見事な扇状に広げることをファンと呼ぶ（第1図）。ファンのためには新しいカードの滑りのよさが無くなったときにはファン加工という滑剤をカードの表面に塗るという秘法がある。滑剤はワックス，パラフィンという蝋材とステアリン酸亜鉛の粉末などの二系統があるが，これはファン専用のカードに加工を施すも

ファン
第1図

のであり，通常のカード奇術にはその加工は不要である。ファンは両手でやる
のが基本であるが，片手ファン（第2図），カードを二重にするジャイアント
ファンまたはジャンボファン（第3図）などの応用もできる。

片手ファン　　　　　　　　　　ジャンボファン

第2図　　　　　　　　　　　　　第3図

 ## カスケード（Cascade）

　カード一組を右手に持ちそれを反らしておい
て，サラサラとカードを左手に落としていく手
法である。綺麗にできると丸で瀧のように見え
る（第4図）。

↓　カスケード

第4図

 ## スプリングザカード（Spring the Card）

　これもカードを反らせておいてカードを次々に放出する手法であるが，カス
ケードと違いカードはその弾力でバネのように飛び出していく。それを反対の
手で受け取るのである。なお，このスプリングザカードにはカードが拇指の方
に飛び出させる方法（第5図）と，四指の方に飛び出させる方法（第6図）の二
つがある。

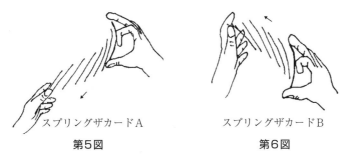

スプリングザカードＡ　　　　　　スプリングザカードＢ

第5図　　　　　　　　　　　　第6図

　特に前者の方法は最近流行の「通常のリフルシャフルの嘘の切り方」（In the Hand False Riffle Shuffle）の最後のWaterfallの部分の表現で大活躍している。

 ## アームスプレッド（Arm Spread）

　これは一組にカードを腕の上に並べる手法である。そこからカードを将棋倒しにしたり，あるいはカードを空中に放りあげ，反対の手でそれを受取るなどは，まさに曲芸技である（第7図）。

アームスプレッド

第7図

 ## カード投げ（Card Throw）

　これはカード1枚を手に持ち，一定の方向に投げる手法である。普通にカードを投げると空気抵抗ですぐにヒラヒラと地面に落ちてしまう。ところが上手にカードに十分な表面と平行な回転を与えると，カードは狙った方向に勢いよく飛んでいく。故スピリット百瀬氏はカードを投

カード投げ

第8図

げて助手が持っている胡瓜を切るという芸を得意としていた。また，投げる方向の調整でまるでブンメランの様にある距離飛行して戻って来るというコントロールも可能である（第8図）。

6 リボンスプレッド（Ribbon Spread）

　テーブルの上にカードを帯状に広げる方法である。左手の一組のカードを右手に取るとき拇指を手前端，中指を向こう端に当てるだけでなく，左側に食指を当てておく。そして，カードをテーブルの左から右に引きずるようにしてカードを帯状に広げる。このとき食指の働きでカードの広がり方がコントロールされる。

　このリボンスプレッドで，カードが均等に広げられると，将棋倒しの技ができる。それには，一番底のカード（左端）を左手でそっとめくりあげて勢いよく表向きに反転する。するとカード全部が将棋倒しになる（第9図）。見事なので観客は喜ぶが，これもあまり乱用してはいけない。

リボンスプレッド
将棋倒し

第9図

　なお，リボンスプレッドにはそれを活用したいい技法がある。

(1) Dense Bottom Ribbon Spread

　これは筆者が考案した一種のサトルティである。いま，一組が裏向きで上から2枚目に1枚だけ表向きカードがあると仮定する。ここで普通にリボンスプレッドをすると表向きのカードが露見してしまう。そこでリボンスプレッドの動作をするとき，食指を調整し，底に近い1／3を密にしてほとんど広げないようにし，上半分はよく広げるようにする（第10図）。

2枚目が出ないように！

デンスボトム
リボンスプレッド

第10図

22

ただし，2枚目は出ないように注意する。そうしたら右手食指でカードの下の
密な個所のカードを繰っていくようにする。そして最後のボトムまで繰る。す
ると観客は術者がカードをよく見せようとしたと解釈し，上の方のことは忘れ
てしまう。いわば心理的な作戦である。

(2)　One Card Concealing Ribbon Spread

　これは裏向きの一組の真ん中あたりにブレークがあり，ブレークの真上の1
枚だけが表向きであるときに用いる技法であり，それを使うとカードを広げて
も表向きの1枚は出て来ないという便利な方法である。

　そのためには左手にカードを持ち，右手を
上に添える。そしてブレークの左小指を伸ば
してブレークの真上の1枚が右側に1cmほど
移動するようにする。ここまでは左小指を抜
く動作だけでできるが，右に1cm動いただけ
では足りない。そこで，さらに左中指，薬指
も使ってカードが4cmくらい右に飛び出すよ

見えない

ワンカードコンシーリング
リボンスプレッド
第11図

うにする。この飛び出したカードは右手でカバーされている。ここまで来たら，
この一組を右手でテーブル上に左から右にリボンスプレッドする。すると表向
きの1枚はそれより上のカードによって隠されてしまう（第11図）。この技法は
応用範囲がなかなか広い。

「トランプの不思議」

高木重朗著　力書房　出版：昭和31年（1956年）

　戦後，カード奇術の若き研究者として登場した高木重朗氏が著した待望の本格的な
カード奇術の解説書である。出版されると奇術愛好家から貪るように読まれて，日本の
カード奇術熱が高まったという記念すべき本である。筆者にとっても，この本で初めて
カード奇術の基本を学んだという思い出の一冊である。

奇術編

どこにもないが，
どこにもあるカード
(Everywhere and Nowhere)

解　説　本書のトップを飾るのは，「Everywhere and Nowhere」と呼ばれる奇術である。十九世紀にオーストリアで活躍したJohann N. Hofzinser（1806-1875）が考案したカード奇術であり，プロットとしてはカード奇術の古典的テーマとして知られている。この奇術の原案ではトップチェンジ，ボトムチェンジというような難しい技巧を駆使することになっている。それは右手に持っている1枚のカードを観客に気づかれないように左手が持っている一組のカードのトップまたはボトムの1枚とすり替えるという手法であり，テーブルマジックとしてそれを演ずる奇術家は今まで見たことがない。原作者も舞台で演ずる前提でその手順を構成したように思われる。しかし，近代技法をうまく活用すれば，テーブルの上でその現象を作ることは可能と考えられる。ここに説明する手順は，たいへん自然な動作の中で，この奇術を演ずることができる実用的な方法として筆者が構成した作品である。

現　象　観客が一組のカードの中から1枚のカードを選び出す。これを一組の中に戻して切り混ぜる。次に，術者は一組の中からでたらめに3枚のカードを1枚ずつ取り出してきて観客に見せる。その中には，観客が選んだカードは含まれていない。ところが，術者がカードにおまじないを掛けて，この3枚を1枚ずつ見せると，何と，3枚とも，観客

が選んだカードである。ところが，術者はそのように見えたのは全くの錯覚で
あると主張する。そして，3枚のカードをもう一度見せると，それはどれも，
観客の選んだカードには見えない。

準 備

これという準備は要らない。ただし，奇術の効果を高める目
的にお皿（直径20cmくらい）を1枚使うことを提案したい。持ち
運びがたいへんなら紙のお皿でもよい。

方 法
第一段
プロローグ

1　一組のカードを用いる。一組のカードをよく切り混ぜてか
ら，それを無造作に両手で広げ，観客に1枚のカードを選ば
せる。そして，それをよく覚えておいてもらう。

2　カードを再び両手の間に広げ，選んだカードを一組のカー
ドの真ん中あたりに差し込んで戻してもらう。このとき，戻してもらった
カードから2枚下のカードを密かに少し手前方向に1〜2cm引き，そのまま，
カードを閉じる（第1図）。すると，手前に引いたカードだけが手前に突き出
すことになる。これをインジョグと呼ぶ。

3　右手の拇指でインジョグされたカードを下に押し下げながらカードを完全
に揃えてそこにV字状の割れ目を作り，そっと左小指の指先の肉を少し挟ん
でおく。これをブレークと呼ぶ。

選ばれたカード

2枚下をインジョグ

第1図

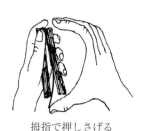

拇指で押しさげる

第2図

4　ここで，次のトリプルカットを行う。それは簡単であり，まず，ブレーク
から上のカードを右手に取り，テーブルに置く。次に残りのカードの上半分

を右手に取り，それをテーブルのカードの上に重ねる。最後に残るカードを
その上に置く。この結果，観客が選んだカードは下から2枚目にコントロー
ルされることになる。

5 「こうなると，カードを切り混ぜたので，選ばれたカードがどこにあるの
か私には全く分かりません。しかし，可能性としては，選ばれたカードは一
番上にあるか，一番下にあるか，あるいは中ほどにあるかの三つに一つだと
考えられます。」と言う。観客は一応「そのとおりだ」と考えるだろう。

6 右手で，一組の一番上のカードを取りあげ，表を観客に見せて「これはあ
なたのカードですか？」ときく。観客は「違う。」と答えるだろう。その
カードをテーブルの上のお皿の上に堂々と置く。

7 次に，右手でカード全体を持つ。手前端に拇指，向う端に4本の指を掛け
る持ち方である。この持ち方で，右手首を返して，一組の一番下のカードの
表を示しながら，再び「これはあなたのカードですか？」ときく。観客は
「違う。」と答えるだろう。手首を元に戻して，カードの表が下を向くよう
にするが，そのとき，同時に右手の中指，薬指を小指の方向にぐっと引いて，
ボトムのカードが小指の方向に回転するようにする（第3図）。これはサイド
グライドとして知られる技法である。こうすると，左手の中指をカードの下
に回して，一番下と見せかけて，2枚目のカードを引き出すことができるだ
ろう（第4図）。

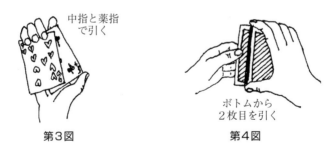

中指と薬指
で引く

ボトムから
2枚目を引く

第3図　　　　　第4図

8 このカードをテーブル上のお皿のカードの上に重ねる。

9 最後に「一番上も一番下も選んだカードではないとしますと，最後に残さ

れている唯一の可能性は，選ばれたカードが中ほどにあるということです。」
と言う。カードを扇形に広げ，右手で真ん中あたりから1枚のカードを引き
抜き，表を観客に見せ，「これはあなたのカードですか？」ときく。観客は
「違う。」と答えるだろう。このカードをテーブルの上のお皿の2枚の上に
重ねる。

10　一組のカードを脇（お皿のさらに左側）にどけておいてから，お皿の3枚の
カードをそのまま取りあげて，それを広げて左手に持ち，「おかしいですね，
選ばれたカードは一番上か，一番下か，中ほどかのどれかだと思ったのです
が，3枚ともお選びのカードは違いましたか。」ととぼけて，3枚の中に選
ばれたカードが無かったことを確認する。実は3枚の真ん中のカードが観客
のカードになっているが，このことを観客は知らない。

11　「さて，いつもですと，ここで私はお客様に催眠術をかけて，この3枚が
選らばれたカードに見えるように仕向けるのですが，今日はお客様の数が多
いので，お客様全員に催眠術を掛けると30分以上かかります。そこで，上手
い方法を考えました。それはお客様ではなく，3枚のカードの方に催眠術を
かけるという方法です。」と言う。

12　ここで，「では，あなたの選んだカードの名前を教えて下さい。」と言う。

13　左手に3枚のカードを持つ。まず，右手で左手のカードに向かって催眠術
を掛ける大げさな動作して，選らばれたカードがクラブ5であったと仮定す
れば，「クラブの5，クラブの5，クラブの5！」と3回唱え，最後に
「Remember! you are the five of clubs!」と言う。

方 法
第一段
本手順

14　これから，カードを1枚ずつ見せながら，3枚とも選ばれ
たカードに見せるという手法を実行する。そのための手法と
して使用するのはプッシュオフカウントと呼ばれる技法であ
る。この技法をスムーズに実行するためには，カードの持ち
方が大切である。カード3枚を左手に持つのであるが，大切なことは，左下
角が拇指の丘の肉に埋まっていることと，右上隅が中指の腹に当たっている

ことである（第5図）。カードはほとんどこの二点で保持されている。食指は
上端に当てられ，薬指と小指は右側に当てられている。拇指は左上隅である。

右上隅と
左下隅
とで固定

左拇指が
2枚を押す

第5図　　　　　　　　　　第6図

15　この持ち方で，左拇指でカードの左上隅を押さえて，それを右方向に押す
と，ボトムのカードを残して，上の2枚のカードが右方向に回転するだろう
（第6図）。回転軸は左下隅である。ここで，この2枚を右手で1枚の如く持
ちあげる（第7図）。この場合の指の位置は，拇指が上，食指または中指が下
である。そのままカードの表を観客に見せる（第8図）。観客には選んだカー
ドが見える。

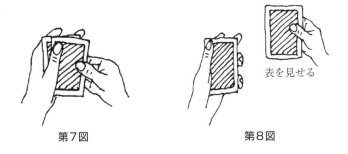

表を見せる

第7図　　　　　　　　　　第8図

16　右手のカードを一旦左手に戻し，右手の食指を立てて，「いかがですか。
1枚目は選んだカードに見えましたか。」と聞き，左手拇指で左手のカード
の一番上のカードを右方向に押し出す。そして観客の顔を覗きこんで「これ
は確かにお選びのカードでしたね。」と言う。このとき，術者は右手でその
トップカードを取り，お皿に堂々と置く。観客は「はい。」と答えるだろう。

そうしたら「本当はこのカードは違うカードなのですが，催眠術でこのカード自体が，自分がクラブの5だと思い込んでいるのですね。」と説明する。

17　次に，右手で再度，左手の次のカードに催眠術をかけるジェスチャーを行う。

18　左手の拇指で，カード2枚のうち，上のカードを右に押し出し，それを右手に取り，表を観客に見せる。これも観客の選んだカードに見える。

19　ここで，右手のカードを左手のカードの上に一旦戻し2枚を揃えて左手に持つ（第9図）。

20　「2枚目もクラブの5のように見えましたか。」と質問し，右手で2本の指を立ててみせる。

21　ここで，さらに続けて「でも，一組の中に同じクラブの5が2枚以上あるのはおかしい

第9図

ですよね。」という。なお，この動作のとき，術者の視線は，観客の眼を覗き込むようにすることが重要であり，間違っても，術者は自分の手を見てはならない。そして，このタイミングをとらえて右手で左手の2枚の下のカードを無雑作に引き抜き，それをお皿の上に乗せる。

22　最後に，左手に残ったカードに催眠術を賭けるジェスチャーを行う。

23　「では，3枚目はどうでしょうか。3枚も同じカードがあるはずはありませんが，どうですか，これもクラブの5に見えるでしょうか。」と言い，カードを右手に取り，その表を観客に示す。そしてそれを左手に戻して，右手の指を3本立てて見せ，「それもこれも催眠術の仕業です。」と言う。

24　左手のカードを右手に取り，お皿の2枚のカードの上にポンと重ねる。

方 法
第二弾

25　お皿の上のカード3枚を再び取りあげて，左手に広げて持つ。「これらのカードは3枚とも選ばれたクラブの5に見えたと思います。しかし，実際には，もちろんそんなことはありえません。もし，そのように見えたとすればそれは催眠術のせいであり，

おそらく錯覚です。」と言う。

26　続けて，「まだ，催眠術が解けていないと思いますから，確認のためもう
一度カードをあらためましょう。」と言う。3枚のカードを揃えて左手に持
ち，一番上のカードを左拇指で右に押し出し，それを右手で取る。このとき
は，拇指をカードの下にして，カードの上は食指と中指に当ててカードを取
る（第10図）。

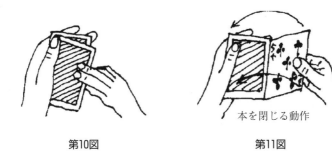

本を閉じる動作

第10図　　　　　　　　　第11図

27　そのまま，右手を返して，カードを縦方向に180度回転させ，それを表向
きにする。この表向きになったカードの表を観客によく見せ，その左側を，
左手に残ったカードの右側と揃え，本のページを閉じるような動作で，表の
カードを左手のカードの上に裏返す（第11図）。「このカードは確かに選んだ
カードに見えるでしょう。」と言う。このときのカードを見せる動作が大切
であり，同じ動作で以下の動作も実行するようにすることが肝要である。

28　次は，左手の拇指を左上に当てて，プッシュオフの動作で2枚のカードを
1枚のように右に押す。この2枚を右手で取る。この場合はカードを表返さ
ないので，拇指が上，中指が下である。これを左手のカードの一番下に回し
て，カードを揃える。

29　さて，次は，いまの動作を繰り返すのだが，このときは，左拇指を左上隅
に当ててプッシュオフで2枚を1枚の如く押し出す。そして，前と同じ動作
でカード2枚を揃えたまま表返してその表を見せる。さらに裏向きに戻す動
作も，前回と同じでなければならない。「このカードも選んだカードに見え
るでしょう。」と言う。

30 さて，今度は，カードを一番下に回すときに，1枚を押し出す。これを右手でとって，左手のカードの一番下に回してしまう。

31 最後に，もう一度，同じ動作をそのまま繰り返す。つまり，カード1枚を表返して表を見せ，そして，本を閉じるように裏返しするという手順である。観客は3枚のカードを見せられたことになるが，それはみな選んだカードに見えるのである。

方 法
第三段

32 「どうですか，やはり，催眠術のお陰で3枚ともあたかも同じカードのように見えませんでしたか。」と聞く。「それでは，これから催眠術を解くことにしましょう。」と言い，右手で左手のカードをピシャンピシャンと叩きながら「Wake up! Wake up!」と言う。

33 ここからが巧妙なエンディングの解決法である。観客全体を考え，左からA，B，Cとグループ分けして考えることにしよう（第12図）。

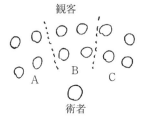

第12図

34 ここで左手でプッシュオフの動作を行い，2枚を1枚の如く右手に取る。そして，その表をグループCに示す。大切なことはグループAの人にはそれを見せないという点である。そうしたら，カードを一旦元の左手に戻し，空いた右手を観客Cの方向に差し伸べ，「どうですか。これはもう選ばれたカードには見えませんよね。」と言う。次に右手で一番上のカードを取りあげて，脇に置いてあった一組のカードの上に重ねてしまう。

35 いまや左手のカードは2枚である。そこで術者は右手で無造作に左手の下のカードの方を引き抜いて持つ。一瞬左右の手がカードを1枚ずつ持っている状態になるだろう。そして，次の瞬間に，右手のカードをグループCの方にチラリと示し，次に，左手の最後のカードの表をグループAの方に示して「これも選ばれたカードには見えないでしょう？」と言う。そうしたら，左

手のカードを一組のカードの上に無造作にポンと乗せてしまう。

36　最後に，右手に残ったカードを左手に取り，その表をCの方に向けて，「そうです。この中には選ばれたカードは含まれていないはずです。先ほどそれがあったように見えたとすれば，それはカードが催眠術にかかっていたためです。」と言う。そして，そのカードの表をグループB，さらにはAの方に回して，全員に公明正大にそれをよく見せる。それが終わったら，そのカードを一組のカードの上にポンと乗せてしまう。全部の演技が終わったら，頃あいをみて，一組のカードを1回カットしておく。これで，カードの怪しいところはすべて解消されてしまう。観客がカードを調べたいと言い出しても，あるいは黙ってカードを手にとって勝手に調べても証拠は何も残っていないのである。

「百万人のトランプ手品」

氣賀康夫著　立体社　出版：昭和47年（1972年）

　筆者が初めて書いたカード奇術の本であるが，大元は後輩の学生のために書き著した孔版印刷の教本「百万人のトランプ奇術講座」慶応義塾奇術愛好会（KMS）出版昭和40年（1965年）であった。高木重朗氏が「よくまとまっているので正規に出版しよう。」と提案されて，立体社に出版を引き受けていただいた経緯がある。その後，金沢文庫が出版権と在庫を引き継ぎ，在庫を活用された。なお，しばらくして金沢社長の意見で在庫の残冊の上下の空白部分を切り落としたものを販売したので，いまもこれを蔵書にしている愛好家もあるだろう。

　その後，在庫が枯渇し，入手困難な幻の本と化した。1996年に至り，研究家の小野坂東氏が「イラストレーターの仕事を引き受けるから，これを再版しよう。」と提案くだされ，再びその内容が陽の目を見ることとなったのが「トランプマジック」東京堂　出版1996年である。このとき，内容を充実するために頁数が予想以上に増えてしまい，出版社の都合で原本の２／３くらいしか内容を盛り込めない結果となったが，その残りの１／３と，現代カード奇術傑作選を加筆し続編として新しい一冊として出版されたのが「ステップアップ・カードマジック」東京堂　出版2005年である。いまではこの二冊を読めば，立体社，金沢文庫のものは読む必要がないことになっている。

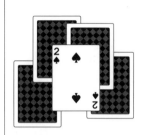

エース奇術の開幕

(Aces Opener)

<table>
<tr><td>解　説</td><td>カード奇術には「4枚のエース」(Four Aces) というテーマの奇術が多くの研究家によって構成されている。そのような奇術を演ずるときにはまず4枚のエースを取り出さなければなら</td></tr>
</table>

ないが，その取り出すところも奇術に仕立ててしまおうという考え方がある。そのような奇術を一般に「エース奇術の開幕（Aces Opener）」と称する。

　これまでに見た作品のなかで筆者が魅力を感じたのはFrank Garcia（1927 - 1993）の作品とLarry Jennings（1933 - 1997）の作品である。ここに取りあげる筆者の手順もすっきりした完成度の高い作品に仕上がっている。研究で参考にしたのは高木重朗師（1930 - 1991）のJALフォアエースでという作品である。

<table>
<tr><td>効　果</td><td>一組のカードをよく切り混ぜてからそれをリフルしつつ，観客がストップをかけたところでカードを分けていき，山を四つ作る。そうしたら，出来上がった山のトップカードを開いてい</td></tr>
</table>

くと不思議なことに4枚のエースが登場する。

準 備	一組のトップにエースを4枚用意する（第1図）。

エース4枚

第1図

方 法	1　まず一組を取り出して裏向きに左手に持ち，トップが狂わないフォールスシャフルを行う。

2　その一組をひっくり返して表向きにして，一番下から2枚の上に左小指のブレークを作る。そのためには一組の手前端を下から上に向かって右手の拇指でリフルする動作でブレークを作ろうとする人が多いが，筆者はむしろ次の方法をお勧めする。

右手拇指でカード全体を向こうに向かって1〜2cm押し出すようにする。そのとき摩擦で一番下あたりのカードが残るので，底の2枚が手前にずれた状態にすることができるだろう（第2図）。そこで，そのボトム2枚より上のカードをやや持ち上げ気味にしてその間に密かに左小指のブレークを作る。

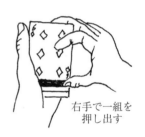

右手で一組を押し出す

第2図

3　ブレークができたら，「カードが良く見えるように表向きでカードを切り混ぜましょう。」と言い，右手でブレークより上のカードの大半（一番上のカードを少し残す）を手前に引き抜いて，そのままヒンズーシャフルを始める。

4　そして，どこまでシャフルするかというと，右手の残りのカードが10枚くらいになるまでである。そこまで来たらシャフルを止めて，右手でシャフルされずに残っているカードを一組の一番上にポンと乗せる。そのときその位置にブレークを保つことが大切である（第3図）。

ブレーク

第3図

5　さて，ここで一組のカードは表向きに左手に保持されているが，次にそれ
　を裏向きに戻す動作を行う。ただし，ブレークは保たれたままでなければな
　らない。そういう状況で筆者がお勧めする方法は以下の手続きである。これ
　を「Break-keeping turn-over」と呼ぶ。

(1)　まず，ブレークの上のカードを向こうに1cmほど動かしてブレークをは
　　ずす。するとブレークがステップに変わる（第4図）。

第4図　　　　　　　　　第5図

(2)　次に右手で一組全体の向こう端を掴むようにする。このとき，拇指が
　　カードの上のあたり，四指がカードの下になるように指を使う（第5図）。

(3)　そうしたら，そのカードを掴んだ右手でカード全体を縦方向に180度回
　　転させる。回転させた結果，一組は裏向きになるがステップはそのまま保
　　たれているだろう（第6図）。そこで，そのステップの位置に再び左小指の
　　ブレークを作り，カードをよく揃えてカードの前面を右手の四指で左から
　　右に向かって一擦りする（第7図）。

第6図　　　　　　　　　第7図

6 「これからこの一組のカードを四つの山に分けたいと思いますが，私が
カードをバラバラとはじいていきますので，適当なときに『ストップ』と
おっしゃってください。」お願いする。

7 術者はここから一組を左手に保持し，右手の中指をカードの向こう端に位
置させて，カードを下から上に向かってリフルし，観客が「ストップ」と
言ったところでリフルを止める。ここで最初はリフルをブレークの位置あた
りから上に向かって実行し，ストップがかかったとき，カードが10枚見当右
手に残るのが一番ふさわしいので，そのようにタイミングをコントロールす
るのが賢明である。そしてストップでカードが分かれたら，右手に残る山を
起こし（向こう側を持ちあげる）その底札が観客に見えるようにする（第8図）。
そしてそれをテーブルの右上に置く。このとき，その山のトップ2枚がエー
スとなる。

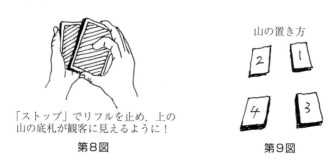

「ストップ」でリフルを止め，上の
山の底札が観客に見えるように！
第8図

山の置き方
第9図

9 ここからこれと同じように見える動作をあと2回実行するが，コツは少し
ずつ微妙に違う。第2回目は第1回目と大同小異であり，リフルはブレーク
の位置あたりから始め，ストップでブレークの上の部分の半分くらいが残る
のが最善である。ストップでカードを分けたら，はやり上の部分を起こして
その底札を観客に見せながら，それをテーブルに置く。なお，カードを置く
位置であるが，最初は右上，次は左上である（第9図）。その後は右下，左下
の順にカードの山を置くのである。

10 次が3回目のリフルであるが，ここでは少し工夫が必要である。このとき
は，リフルはブレークからではなく一番下の位置から始める。そしてストッ

プのタイミングがだいたいブレークの位置になるのが理想である。

　ストップがかかったら，その位置でカードを分けて，上の部分を起こすところは第1回第2回と似ている。ここまで来たら，秘密の動作であるが，ぱっくり口のように開いたカードの分れ目を一瞬閉じて，直ちに右手でブレークの上の山を持ちあげてテーブルに置く。このとき分れ目の位置がストップの個所からブレークの個所にすり替えられることになるが，観客はそのことに気づかない。これはリフルフォースという手法の巧妙な作戦である。なお，この3回目のカードの位置はテーブルの右下である。

11　最後に残るカードのボトムをチラリと見せてから，その山を左下に置く。その結果，第1と第4の山のトップ2枚がエースとなる。

12　以上で準備完了である。

13　ここで何げなく次の動作を実行する。

　⑴　左手で「2」の山のトップカードを取り上げる。中指を向こう端に，食指を右側に，そして拇指を手前端に当てるのがいいであろう。このとき同時に右手は「1」の山について同じ動作をするが，ここでは右手は左手と同じ指使いで上から3枚以上のカードを1枚のように揃えて取りあげることが肝腎である。そうしたら，まず左手，そしてやや遅れて右手の手首を回転させて，各々の手のカードの表をチラリと見せてからそれを各山の上に戻す。

　⑵　次に，同じ要領で，左手で「4」の山，右手で「3」の山のトップを取りあげてその表を見せる動作を行う。ただし，今度は，右手は1枚だけを持ちあげるが，左手は3枚以上を揃えてあたかも1枚かのように持ちあげる必要がある。そしてまず右手，そしてやや遅れて左手の手首を回転させて，各々の手のカードの表をチラリと見せてカードを元に戻す。この一連の動作で，観客は各山のトップカードを見せられたと思う。

14　ここからはまずおまじないとして両手で指をパチンと鳴らす。そして，右手は右上の山のトップカードを取り，左手は左下の山のトップカードを取る（第10図）。そして，その2枚の表面が術者の方を向くように垂直にして，2

枚をカードの巾の半分くらいを一旦合わせるようにする。持っているのは左右の手ともエースであるが，このタイミングでは，右のカードが向こう側，左のカードが手前になるようにすることが肝腎である（第11図）。

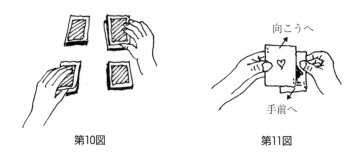

第10図　　　　　　　　　　第11図

　そして，そこから右手を手前に引き，左手を向こうに押し出すようにすると２枚のカードがパチンと音を立てるだろう。そしてこの動作により自然に左手が向こうに進み，右手が手前に来るので，何喰わぬ顔で左手のエースを表向きにして左上の山の上に置き，右手のエースを表向きにして右下の山の上に置く。観客から見ると突然エースが２枚登場したように見える（第12図）。

第12図　　　　　　　　　　第13図

15　ここでおまじないとして再び左右の手を左右に構えて指をパチンとならす。これは動作の流れのタイミングを取るために大切な手続きなので省略しない方がよい。おまじないが終わったら，右手での右上の山のトップカードを取り，左手で左下の山のトップカードを取り，その２枚を垂直にしてカードの巾の半分くらいを重ねる。このとき大切なことは，右手のカードが手前，左手のカードが向こうになるという前後のカードの位置関係である（第13図）。

そうしたら，そこから右手を向こうに押し出して，左手を手前に引く。する
とカードがパチンと音を立てるだろう。そして右手はその動作の流れで，
カードを表向きにして右上の山の上に置き，左下はやはりカードを表向きに
して左下の山の上に置く。その結果，四角く置かれた四つの山のトップが全
部エースとなるので観客はびっくりするであろう（第14図）。

第14図　　　　　　　　第15図

　これで次のフォアエースの奇術の準備ができあがることになる。ここから
どういうフォアエースを演ずるかは演者の自由である（第15図）。

コラム

「カード奇術事典」

高木重朗編　東京堂　出版：昭和58年（1983年）

　東京堂の提案により編纂が企画され，高木重朗氏のほかに優れた研究家である浜野明千宏，二川滋夫，麦谷真里の各氏が執筆にあたって完成した内容の濃い事典である。カード奇術家は座右の一冊として手元に置くべき一冊である。

　なお，写真右の一冊は筆者編纂の「カード奇術用語辞典」（本書，237頁に収録）であるが，これはカード奇術の解説書を読むときに慣れていないと誰でもが戸惑うカード奇術特有の専門語を集めて説明を加えた実用的な英和辞典である。TAMCが発行したものが最新であるが，これは市販されていない。

奇 術 編

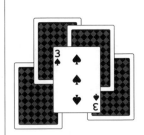

奇跡のアンコール

(Miraculous! Encore!)

解　説　数理パズルと奇術とを愛好したMartin Gardner（1914-2010）の作品に「Five Nine King」という巧妙な奇術があり，高木重朗氏はその名著「トランプの不思議」（1956）にそれを「類は友を呼ぶ」と題して紹介している。この本の出版当時，読者の多くがこの奇術がよかったとの感想を著者に伝えたため，著者の高木氏がそれに不満を漏らしていたことを思い出す。その後，筆者は原作に存在するわずかな失敗リスクをゼロに改善するささやかな修正を行い，その作品を原作名になぞらえて「Two Six Ten」と命名した。しかし，考えてみるとこの題名はよくない。それはその題名がそのまま種を暗示しているからであり，とりわけ実演前に「いまからFive Nine Kingという奇術をご覧に入れます。」などと無神経に発言する演者もありそうであり，高木氏が題名を変えた趣旨がよく納得できる。ところで今回のこの手順であるが，それはTwo Six Tenからさらにもう一段，効果を高めるアイディアを付けくわえて構成した作品である。それをここに紹介する。この実演は原案の効果を二度目に繰り返し見せる作戦であるが，効果は倍化するどころか，さらに飛躍的にアップすることがわかるであろう。

効 果

　よく切り混ぜた一組のカードから観客が1枚のカードを自由に選ぶ。術者はそれを見ない。ここからカードを三つの山に分け，選んだカードの数値によりその山に一定の処理を施す。そして選んだカードで三つ山のトップにおまじないを掛けてそれを開くと，驚いたことに選んだカードと同じ数値のカードが4枚勢ぞろいする。ここからカードを再び切り混ぜてから，この奇跡のような現象をもう一度繰り返す。

準 備

　必要な準備はトップから12枚，それはトップから2を4枚，6を4枚，10を4枚である。

方 法
第一段

1　カードをカードケースから取り出して，左手に一組を裏向きに持ち，右手で下から2／3くらいを手前に引き抜きヒンズーシャフルを始める。このシャフルは粗くやると数回で右手のカードがなくなってしまうが，左手中指で1枚ずつ擦り取るようにすれば，シャフルはかなり長く続けることができる。そこでこの細かいシャフルを始める。そのとき左小指が左手に残るカードとシャフルするカードとに挟まるように仕向ける（第1図）。シャフルを始めたら「好きなときストップとおっしゃってください。」とお願いする。ストップがかかったらそこでシャフルを終えて，右手のカードを左手のカードの上にポンと乗せる。そのときその間に左小指が挟まっているが，右手が丁度それをカバーする姿勢になる。続けて左手の一組を三段切りでカットする。その手続きは簡単であり，①小指の上のカードのさらに上半分を右手で取りあげてテーブルに置き，②続けて小指の上のカードをその上に重ね（第2図），③最後に残るカードを一番上に乗せる。以上である。

第1図

第2図

2 　カード全体を左手に持ち，拇指でトップからカードを次々に右に押し出し，それを右手で受け取りつつ，「では，カードを広げますので，右手の人差し指で，適当なカードに触ってください。」とお願いする。このときのコツであるが，カードはゆっくり1枚ずつ広げること，そして広げるのは11枚までということの二つである。この工夫により原案「Five Nine King」にあった失敗のリスクがゼロになる理屈である。観客はかならず一組のトップ12枚のうちの1枚に触ることとなる。

3 　観客が1枚のカードに触ったら，それをそっとその裏向きのままテーブルの観客の前に置く。

4 　残る一組のカードを揃えてテーブルの中央に置き，「ここからは私はカードに手を触れないようにします。」という。

5 　「それではここからカードを三つの山に分けることにいたします。まず，上からだいたい1／3を取りあげて，右側に置いて下さい。」とお願いする（A）。

6 　これが終わったら「次は上からだいたい半分を取りあげて，それを今度は左側に置いて下さい。」とお願いする（（B），残りが（C）である）。その結果，カードは観客から見てTの字を描く状態になる（第3図）。

7 　ここで次の仕事を観客にお願いする。

①　Bの山を手に取ってもらい，「それでは

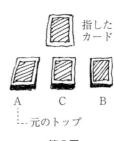

指した
カード

A　　C　　B

┄元のトップ

第3図

上から選んだカードの数値，例えば選んだのが仮にクラブの5なら5枚，8なら8枚，仮にクインなら12枚ですが，その枚数だけカードをテーブルの元の位置に配っていってください。」とお願いする。

② それが終わったら，続けて，「次にトップから1枚ずつのカードを他の山の上の乗せてください。」とお願いする。

③ そして最後に，残りのカードを，元の位置のカードの上に戻してもらう。

8 次に，Cの山について同じ動作をやってもらう。

9 最後にAの山について同じ動作をやってもらう。

10 ここまで来たら，「ここからは私がやりましょう。」と言い，観客が選んだカードを手に取り，表向きにする。

11 そのカードでテーブルの三つの山をタッチしながら，おまじないをかける。

12 手のカードを表向きのまま元に位置に戻して，最後に三つの山のトップカードを表向きにしていくと表向きの4枚のカードがすべて同じ数値のカード（four of a kind）になっている。これは丸で奇跡のように見えるだろう。

13 以上は典型的な数理奇術であり，いわゆるセルフワーキングである。現れるカードは2か，6か，10であり，そのほかのカードになる可能性はない。

14 ここで第一段は終わりであるが，事後処理としてまず選ばれたカード本体を表向きのままCの山の上に乗せる。

方 法
第二段

15 ここからは第二段であるが，第一段のエンディングで登場したカードが2か6の場合いには第二段はやさしい。それをケースⅠと呼ぼう。そしてそれが10の場合は手続きがやや複雑となる。それをケースⅡと呼ぼう。

16 ケースⅠの場合は，三つの山について山の上にある表向きのカードを裏返しするだけで十分である。

17 ケースⅡの場合は，まず，Aの山を手に取り，それを何気なく広げてみせつつ，下から7枚目のカードに目をつけ，右手でトップのカード（10）を裏返ししてから，目をつけたカードがトップになるように山を1回カットする。

18　続けてCの山，Bの山についても同じ動作を実行するが，このときには，
　　カードを数える必要はなく，カットの位置はどこでも差し支えない。

19　ここからはケースⅠもケースⅡもやることは変わらない。

20　ここでCの山をBの山の上に乗せ，続けてAの山をその上に乗せる。そして，
　　再度，最初と同じ切り方で切り混ぜる。トップの部分は位置が変わらない。

21　一組をテーブルの中央に置き，「今，ご覧にようにまるで奇跡のようなこ
　　とが起こりましたが，カードを念のためよく切り混ぜましたのでもう一度ア
　　ンコールに同じことをやってみましょう。こ
　　こから私はカードにさわりません。」と宣言
　　し，観客に一組を四つの山に分けてもらう。
　　そのためにはまず一組の上半分を右に置いて
　　もらい，残りの山の上半分を左に置いてもら
　　う。そして，右の山の上半分をさらに右に置
　　いてもらう（A）（第4図）。ここで大切なのは
　　観客から右端（術者から見て左端）のAの山である。

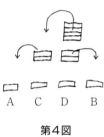

第4図

22　「先ほどは1枚選んだカードがありましたが，今度はそれがないので，一
　　組を四つの山に分けていただきましたから，4という数を使います。この山
　　を手にお持ちください。」と言い，Aから遠い山（B）から順に次の動作をやっ
　　てもらう。

　①　山を手に持ち，上から4枚のカードをそのカードのあった位置に配って
　　　もらう。

　②　続けて，手の山の上から他の三つの山の上に1枚ずつカードを配っても
　　　らう。

　③　残りのカードを，元の位置のカードの上に戻してもらう。

23　山は4個あるので，最後はAの山の順となる。

24　以上が終わったら，「今度は最後もお客様にお願いしましょう。四つの山
　　のどれかの一番上のカードを手にお取りください。そうしたらそれを表向き
　　にしてください。では，それで残りの三つの山のトップのカードを触ってみ

てください。はい，大変結構です。」

25　最後に術者がおまじないを掛けてもらった三つの山のトップカードを表向きにすると同じカードが再び揃うのでびっくりするであろう。最初のカードが2のときは2回目に6が登場し，最初のカードが6のときは2回目に10が登場する。そして最初のカードが10の場合には2回目は2が登場することとなる。

26　Five Nine KingでもTwo Six Tenでも，原案ではセットされた三種類のカードのうち一つだけしか活躍しない。この新しい二段建ての手順では，第一段で使われなかったカードが第二段で廃物利用されて効果を挙げていることにお気づきであろう。そして二種類のカードの数値が十分離れているので，それが廃物利用だとはだれも気付かないであろう。

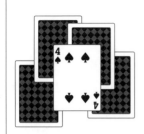

水 と 油
(Oil and Water)

解 説　　カード奇術のプロットの一つに，二十世紀屈指のカード奇術研究家Edward Marlo（1913–1991）の「水と油」がある。その現象は誠に魅力的である。二十世紀のカード奇術研究の格好の素材として，多くの研究家によって，その現象を実現する手法と手順が提案されてきた。そのなかでどれがいい作品か？その応えはなかなか難しい。用いられる技法はダブルリフト，グライド，バックルカウント，エルムズリーカウントなどなど，技法の複雑な組み合わせでいろいろな手順が構成できる可能性がある。

　筆者は，どのような奇術でも，現象が明確に表現でき，かつ，できることなら方法は誰でもがマスターできるような易しいものであることが理想であると考えている。難しい技法を駆使するのが素晴らしい奇術であるというような考え方はとらない。

　その後の研究により，全体を三段階に演出する手順を完成した。第一段，第二段で用いられる基本的な技法はブレークだけというケレン味のないものであるが，セリフやタイミングが大切な役割を果たす。第二段で用いられる6枚のカードの検めは誠にユニークな方法である。ただし，これはバイシクルポーカーサイズのカードの絵札の性質を利用するものなので使用するカードによって用いる絵札を工夫する必要がある。そして，最後の第三段はこれほど露骨な

51

方法でいいのだろうかと頭を捻りたくなる方法であるが，実演してみると観客の反応はたいへんによい。第一段から第三段まで，だんだんに困難に見える条件下で実演が進むところがたいへん効果的である。

| 現 象 |

　　　　　6枚の赤カードと6枚の黒カードの合計12枚を用いる。これはミネラルウォーターとオリーブオイルの瓶を表わすという触れ込みである。そして，水のカードと油のカードを混ぜてみるが，しばらくすると水が下に沈み，油が上に浮いてきて，水と油が完全に分離してしまう。この現象を，見せ方を変えて3回繰り返す。

| 準 備 |

　1　研究の結果，カード一組をセットしておき，何気なく一組から赤黒6枚ずつのカードを取り出して演ずるのがよいという結論になった。この導入部分のおかげで，使われるカード12枚は単に何の準備もなく，そこにあったカードを無雑作に取り出したという印象を与えることができる。ところが，実はこのカードの組み合わせが後半で大きな仕事をしてくれることになっている。セットは次のような準備がよい。

　　一組のボトムから15枚を次のような順にセットする。

　♠10, ♦3, ♣J, ♥9, ♠Q, ♠3, ♠8, ♦10, ♣9, 黒, ♥8, 黒, ♥J, 黒, ♦Q

このセットは面倒であるが，それがこの手順で絶妙な効果を発揮するのでこのセットは大事にしていただきたい。

2　一組のカードをケースから取り出したら，まず，それを普通に左手に裏向きに持ち，上の半分をヒンズーシャフルで切り混ぜる。大切な下半分には触らないのである。これも一種のフォールスシャフルである。

3　ここで，カードを表向きにし，「黒のカードを6枚使います。」と言い，ボトムからカードを1枚ずつ左手から右手に繰っていく。そして，黒のカードがあるたびに，それを右手のカードのボトムにして，その黒のカードをテーブルの上に置いて重ねていく（第1図）。それを黒6枚の山ができるまで続け

る。このとき，6枚は上下に少しずつずらせて6枚が見えるように並べるのが望ましい（第2図）。

ボトムに取って
テーブルに

第1図　　　　　　　　　　第2図

4 「次に赤を6枚使います。」と言い，同じ動作でボトムからカードを繰っていきながら，今度は赤のカードがあるたびにそれを右手のボトムにとってテーブルに上に同じように置いて重ねていく。そして，赤6枚の山ができるようにする。左が黒の山，右が赤の山である。

　その結果，テーブルの上に12枚のカードが次の順で表向きに揃っているという状態になるだろう。

　左側 黒　　下（トップ）から ♠10, ♣J, ♠Q, ♠3, ♠8, ♣9

　右側 赤　　下（トップ）から ♦3, ♥9, ♦10, ♥8, ♥J, ♦Q

5 この手続きでカードを取り出すと，たまたまそこにあったカードをただ取り出したように見えるから，選び出したカードに絵札が混ざっていることをいぶかしく思われる可能性がなくなる。というのは，カードをことさらに選らんで，上のように用意すると，絵札のように紛らわしいカードをなぜ出すのか？なぜ，全部，普通の（絵札でない）カードを選ばないのだろうか？というような疑問を持たれるからである。

6 カードを選び出したら，残りのカードはケースにしまう。これで12枚以外は使えない理屈である。ここで，「この黒のカードは水を表し，赤のカードは油を表します。」と説明する。

<table>
<tr><td>

方 法
第一段

</td><td>

1　術者はカードが表向きのまま左の黒の山を右の赤の山の上に重ねて揃える。

2　この12枚を取りあげて両手の間に広げていく。このとき，

</td></tr>
</table>

口で「1，2，3，…6」と枚数を数える。そして，6枚まで数えたら，さらに赤を広げつつその6枚を「1，2，3，…6」と数えつつ4枚目（下から3枚目のカード（◆10））をそっと1cmくらいインジョグする（第3図）。そして，広げたカードを閉じて揃えるときにインジョグしたカードを右手拇指で下向きに押し下げて，そこにできたV字形の割れ目に左手小指のブレークを保持する（第4図）。その結果，12枚の下から3枚目のカードの上にブレークができることになる。

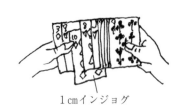

1cmインジョグ

第3図

拇指でインジョグを
押しさげる

第4図

3　ブレークができたら，間髪を入れず，右手でブレークから上のカード（実は9枚）を持ちあげる。そして「黒いカードは水を表しますが，この1リットル瓶6本はフランスのピレネー山脈のミネラルウォーターであり，フランスではいい水は安いテーブルワインよりも値段が高いのです。」と説明する。このとき，右手は拇指が手前端に当たり，四指が向こう端に当たるようにしてカードを持つ。四指が向こう端を被っているのでカードが多いことに気づかれることはない。このとき，左手にはカードが3枚しかない。このカードを持つ左手は中指をカードの右上隅にあてがい，食指でカードの向こう端を被うようにするのがよい。

4　ここで右手のカードをテーブルにそっと置く。そして続けて「そして，赤のカードは油を表しますが，6本の1リットル瓶はすべてスペイン産のオ

リーブ油で，いわゆるバージンオイルと呼ばれるものです。これはスペイン
産のいいワインと変わらないお値段です。」と説明しながら，左手のカード
を右手に取り，テーブルのカードの上にポンと重ねる。

5　そうしたら，直ちにカード12枚全体を右手で取りあげ，一旦そのまま左手
に置く。そして，右手の食指で左手のカードの一番上（◆10）を指差しなが
ら，「こちらが赤ですから…」と言い（第5図），左手のカード全体をそのま
ま右手の掌にくるりと裏返して，カードを右手に保持し「…こちらが黒で
す。」と言い，左手の食指で右手のカードのトップを指差す（第6図）。

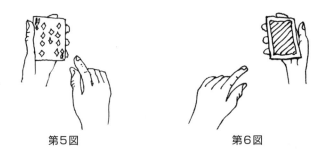

第5図　　　　　　　　　　第6図

6　そして直ちに右拇指で，カードを左方向に押し出して，1枚ずつ左手に受
け取りつつ，「黒，黒，黒，黒，黒，黒」と言いながら，6枚を数える（こ
の場合，カードの順序が最初と逆になっていく）。「6」まで来たら，左手拇指で
6枚目のカードを右方向に押し出して，残りのカードを持っている右手の食
指で，そのカードの右側を押上げて，そのカードを表返す（第7図）。見える
のは♠Qである。

食指で1枚を返す

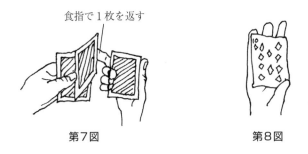

第7図　　　　　　　　　　第8図

7 　いまと，同じ動作でそのカードを裏向きに戻してから左手の6枚をテーブルの左側に置く。

8 　次に，右手に残る6枚を左手に押し出して「1，2，3…6」と数える。このときは，カードの順が変わらないようにそのままカードを広げる。したがって，前半の6枚はカードの順序が逆になるが，後半の6枚は順序が変わらないわけでる。数えたら，6枚を揃えて一旦左手で持ち，それをそのまま右手の拇指を手前，中指を向う端に当てて持ちあげ，そっとボトムを見せる（第8図）。するとボトムの◆10がチラリと見える。そうしたら，その6枚を裏向きにしてテーブルの右側に置く。

9 　ここで，「では，試しに水と油を互い違いに混ぜてみましょう。」と言い，二つの山の上からカードを1枚ずつ取り，それを一つの山に重ねていく動作に入る。最初のカードは左側からとり，それを二つの山の間に「丶」の向きに傾けて置く。次に右から1枚とりその上に重ねるのであるがその向きは「ノ」の向きに傾ける。すると2枚のカードが丁度「V」の形になる（第9図）。この要領で，カードを1枚ずつ重ねていき，12枚のカードを重ねていく。このとき「水，油，水，油，…水，油」と声を出すのがよい。

10 　これで12枚の山ができるが，観客からは赤と黒が互い違いになったように見えるだろう。両手で，「V字」のカードを「一の字」にして完全に揃える。そして，それを裏向きのまま左手の掌に公明正大に置き，そこで時間を置く。

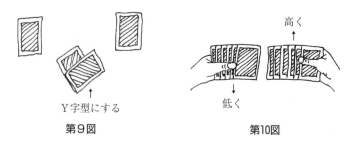

Y字型にする

高く

低く

第9図　　　　　　　第10図

11 　「さて，水と油を交互に混ぜあわせてしまいましたが，少し時間が立つと，水と油は自然に分離する性質があるのです。」と言い，12枚を両手の間に広

げる。そして，右手で上の6枚を広げたまま右に取り，残りの6枚は左手に広げたままで保持する（第10図）。そして，左手を下げ，右手を上げるようにしてカードの左右の高さをずらせてしばらくおいてから，両手のカードをおもむろに表向きにして左右に置く。すると右は赤，左は黒カードが見事に分離していることがわかる。

方　法
第二段

18　さて，第一段が終わると，テーブルの上のカードは左の黒の山，右の赤の山になっているが，そのときカードの順は次のようになっているはずである。これが第二段を成功させるための条件である。

　　左側 黒　　表から♠Q, ♠3, ♣J, ♠8, ♠10, ♣9
　　右側 赤　　表から♦Q, ♦3, ♥J, ♥9, ♥8, ♦10

　このとき何らかの原因でカードの順が狂った場合には，この時点で修正が可能である。大切な点は，黒も赤も上の3枚が「3の札が2枚の絵札に挟まれた状態」にあることである。

12　テーブルの上の左の黒のカード6枚を右の赤のカード6枚の上に重ね，その12枚を取って一旦，左手に表向きのまま置く。そして，ここで，「では，もう一度だけこの不思議な現象をご覧にいれましょう。」と言う。

13　左手の拇指で表からカードを1枚ずつ右方向に押し出してそれを右手で受け，カード6枚を扇状に開いていく。この広げる動作に合わせて，術者は「水，水，水，水，水，水」と言葉で確認をしていく。

14　ここで一瞬おいてから，続く赤のカード6枚を「油，油，油，油，油，油」と言いながら，広げていく。ただし，前回同様，赤の4枚目（下から3枚目♥9）をそっと1cmくらい手前にインジョグする。

15　次に，この12枚のカードを閉じてよく揃える動作をするのであるが，インジョグされたカードに押し下げ気味に揃え，そこにV字状の分かれ目を作る。そして，直ちに右四指をカードの向こう端に当てて，分かれ目より上のカード（実は9枚）を右手に保持するようにする。このとき，右手は4本の指で

カードの向こう側を完全に覆っていることが大切である。また，同時に左手のカードは右側を下げてカードをやや垂直に近い状態で保持する。左手のカードの左側は術者の左手の拇指で覆われており，またそのカードの向こう側は左手の食指で覆われている。

　なお，この動作の瞬間に，術者は観客の顔を覗きこんで，「水は何リットルか覚えていますか。」と質問する。観客は「6リットル！」と応えるから，そうしたら，「そうです，黒のカードは6枚，水は6リットルでした。」と言いながら，右手のカード（9枚）をそのままテーブルの上にそっと置く。

16　置いたら，ゆっくりと左手で持っている残りのカード（実は3枚）をテーブルに置いたカードの上向こう寄りの位置に持ってくる。この位置では手がテーブルのカードを隠すようになる。そして，右手で左手のカード（実は3枚）を取る。このときもカードの向う端は右手の4本の指で覆われていなければならない。その右手のカードをテーブルの上のカードの上に重ねてしまい，観客の顔を覗きこみながら「そして，赤のカードも6枚でしたね。そう，油も6リットルです。」と言う。そして，右手のカードをテーブルのカードに重ねてしまう。なお，以上の動作のときは，その動作をあわてて急いでやってはならない。堂々とゆっくりやるのがいいのである。

17　テーブルのカード12枚を右手で取りあげ，左手に一旦置き，「したがって，合計12本，即ち1ダースです。」と言う。

18　ここで，左手の表向きのカードを右手の食指で指差しながら，「こちらが赤ですから…，」と言い，そのカードを横方向に180度返しつつそれを右手の掌に置く。そして，その一番上の裏向きのカードを左手の食指で指差しながら，「…こちらが黒です。」と言う。これも前半と同じ要領である。

19　続けて「では，ここで念のためもう一度カードを確認いたしましょう。」と言い，直ちに，右手の拇指でカードを1枚ずつ左方向に押し出しつつ，「1，2，3，4，5，6」と数えながらそれを左手で扇状に広げた状態で受け取る。

　このときの6枚の持ち方にはコツがある。厳密には次のようにするのがよ

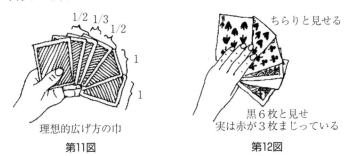

い。1枚目と2枚目はカードの巾の半分くらいずれている。2枚目と3枚目の間がポイントであり，ここはカード巾の1／3以下のずれにとどめることが大切である。4枚目からはやや扇状にするが，3枚目と4枚目の間はカードの巾の半分くらいが適当である。そして，5枚目6枚目は向う端でカード巾の半分以上広がっていてよい（第11図）。

理想的広げ方の巾
第11図

ちらりと見せる
黒6枚と見せ
実は赤が3枚まじっている
第12図

　この状態で，左手のカードのそのまま静かに返して表をチラリと観客に見せる。実は黒のカードに赤が3枚混ざっているのだが，カードの選択の巧みな作戦で赤のカードが見えない仕掛けになっている（第12図）。そのカードを揃えて，テーブルの上に表向きに置く。このカードを揃える動作では，広げたカードの右側をテーブルに当てて揃えるのがよい。左手のカードの右側を右手に持っているカードに当てて揃える方が動作は楽ではあるのだが，それはやらない方がよい。そろえたカードを表向きにテーブルに置く。

20　次に，続けて右手のカードを拇指で左方向に押し出して，「1，2，3，4，5，6」と数える，やはり左手でそれを扇状に広げた状態で受け取る。カードの広げ方は同じ要領である。2枚目と3枚目の間を狭くする（カード巾の1／3以下）。注意を忘れてはいけない。左手でこのカードを返して表を観客にチラリと見せる。赤のカードに黒が3枚混ざっているのが，それは気づかれないだろう。そのカードを揃える。このときは，左手のカードの右側を右手の掌で押してもかまわない。この山をテーブルの上に表向きのまま，前の山と距離を離して置く。

21　ここで，観客に「では，お客様，赤か黒かどちらか一方をお選びになって

下さい。」と言う。観客がどちらを選んでも，「はい，わかりました。」と言い，まずその山を取りあげる。そしてそれを裏向きにして，念のためもう一度カード6枚を数えて観客の前に置き，選ばれなかったもう一方の山の6枚を数えて術者の前に置く。ただし，このとき大切なことがある。それは赤の山と黒の山との動作が少し違うという点である。どう違うかと言うと，次のように動作を変えてやる。

22 赤のカードは裏返しして左手に持ち，そのままカードを数えながら広げ，6枚を確認したら揃えて，そのボトムをちらりと見せてから（第13図）テーブルに置く。

第13図   第14図

23 一方，黒のカードについては裏向きに持ち，それを上から1枚ずつ数えながら右手に取って一つの山に重ねていく。こうするとカードの順が上下逆になるのである。そして，最後の1枚だけ何気なく表（♠8）をチラリと見せてから（第14図）一番上に置く。

24 ここからは，観客と術者が交互にカードを1枚ずつ取りあげ，それをテーブルの中央に一つの山にしていく動作である。このときは，最初のカードを観客の山にしても，術者の山にしても結果は変わらない。だから，どちらにするか観客に指定させるのが効果的である。このときも，カードが交互にV字形またはX字形を描くように山を作っていくのがよい。またカードを置きながら，「水，油，水，油…」という具合に色を呼び上げるのが効果的である。カードを1枚ずつ中央に置いていく動作が終わり12枚のカードの山ができたら，それを堂々と揃えると，すでにカードは上下で6枚ずつに色が分離

しているが観客はそのことを知らない。

25　12枚のカードを裏向きで公明正大に取りあげて左手の掌に乗せて，それを静かに水平にゆすってみせる。そして，「こうするとだんだんに水と油とが分離するはずです。」と言う。

26　左手のカードの山の上から1枚ずつカード12枚を右手に向かって扇状に広げていく。そして，右手でそのうち上の6枚を取り，左手の6枚の枚数も広げてよく見せる。そして，右手をやや上げ，左手をやや下げる。

27　いよいよクライマックスである。両手のカードを表向きにして帯状に広げると赤と黒が見事に分離していることが分かる。

方　法
第三段

28　第二段が終わり，テーブルの左側に黒のカード6枚，右側に赤のカード6枚の表向きのカードの山ができているとする。

29　ここで，「では表向きでやってみましょう。」と提案し，左手で左の山のトップを取りあげる。そして，それを中央の観客寄りに置き，『黒』と言う。正三角形の頂点の位置である。次に右手で右の山のトップを取り，中央のカードに重ね，『赤』と言う。次は3枚目で左の山の黒であるが，このとき術者はそのカードの名前を頭に入れておく。この記憶が後で役立つ。このカードを中央の山に重ねる。この動作をそのままリズムよく進めていくと，最後には左右の山がなくなり，中央に12枚の山ができあがることになる。

30　そうしたら，右手でテーブルの12枚をそのまま取りあげて，それを表向きのまま左手に置き，左手は12枚を配り手の持ち方（dealer's position）で保持する。そして，「カードは1枚ごとに赤黒交互になっています。」と説明する。

31　次にこの12枚を右手に取る。指の位置はいわゆるビドルムーブポジションであり，カードの右側の右下の位置が拇指，右上の位置が中指でカード12枚を挟み持つ様にする。食指はカードの右側の真ん中あたりに添えておく。薬指，小指はなにもしていない（第15図）。

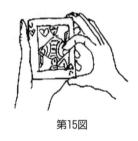

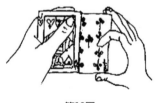

第15図 第16図

32 このように右手に12枚を持ち，まず，その表のカード（カードの右上近くの
位置）に左手拇指を当てがい，一番表のカードを左に引き，「赤」と言う。
その赤のカードは左手で配り手の持ち方で保持する（第16図）。

33 次に同じ動作で表から2枚目のカードを左手に取り「黒」と言う。このと
き，その黒のカードの下に左小指のブレークを作ることが大切である（第17
図）。

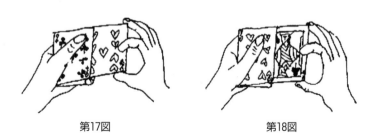

第17図 第18図

34 次は3枚目である。「赤」と言いながら，同じ動作で3枚目の赤のカード
を左手に取るのであるが，そのとき，右手で保持していたカードを左手のブ
レークの上になっていた「黒」1枚とぴったり重なるようにして，密かに右
手のカードの底にそれを取って加えてしまう（第18図）。この秘密の動作をビ
ドルムーブと呼ぶ。

　この秘密の動作は，見せているカードの裏側で実行され，一方，観客が見
ているカードの表側では，リズムよくカードを1枚ずつ左手に取られていく
姿が見えるだけであり，観客は秘密の動作に気づかない。

35 次は4枚目であり「黒」である。これもブレークしなければならない。以下，全く同じ動作を続け，同じリズムを保ちつつ偶数枚目の黒のカードはことごとくビドルムーブで右手のカードの下に取ってしまう。

36 そうしていると，術者が最初に覚えておいたカードは10枚目に出てくるだろう。これも「黒」であり，ブレークして，次の「赤」になる11枚目のときビドルムーブを実行する，そして最後は12枚目であるが，このときは何食わぬ顔で「黒」と言い，単に右手のカードを左手のカードの上に重ねてしまうだけである。ただし重ねたとき密かに左小指のブレークを作っておく。

37 肝腎なのは10枚目をブレークし，11枚目でビドルムーブを実行し，そして，12枚目は全部のカードを置きブレークを作るという点である。練習するとわかるが，黙って演ずるのなら頭の中で「1，2，3，4，…12」と数えながら枚数を確認しつつ10枚目を最後のビドルムーブにするように配慮すればよい。ところが口が「赤，黒，赤，黒…」と色を呼び上げていくと，不思議なことに頭の中で数を同時に数えるのは大変な困難な仕事になる。どうもこれは聖徳太子でないとできないようだ。だから，あらかじめ10枚目のカードの名前だけを覚えておいて，それをキーに動作を行うのが賢いのである。なお，「赤，黒，赤，黒，…」と呼び上げるのは合計12枚であるが，そのリズムがスムーズに行われることは決定的な重要事項である。

　覚えておくのは10枚目がビドルムーブすべき最後のカードであり，最後の12枚目は，本当は1枚でなければ話がおかしいのであるが，その枚数が気にならないように無操作に6枚のカードを左手の山に重ねてしまうのがよい。このとき，6枚のカードの下にブレークを保つ。

38 ここで一つ巧妙な動作を加えよう。それにはまず12枚を左手で揃えて保持したところで，左手の拇指で一番表のカードを右方向に押し出すように見せかけて，実際は右手でブレークの上の6枚を少し右に引くのである。この動作のときは右手の拇指をカードの左下隅，食指を左上の隅に当てて，カードを挟むようにするのが便利である。そして，中指以下の3本の指は幸便にカードの向う端をカバーしているのがよい（第19図）。

この動作で観客は表のカード1枚だけが押し出されたと感じるのである。そこで，術者は卒なく，カードを押し出したように見せた瞬間に「こんな風にカードは黒赤黒赤と互い違いになっています。」と言う。そして，この台詞の最初の「黒赤…」と言うタイミング

第19図

とカードちょっと広げるタイミングとを合わせるのが賢明である。

39 あとはクライマックスである。カードを揃え，それを裏向きにして，左手に持ち，拇指で上から1枚ずつカードを右方向に押し出して，右手で6枚を扇状にして受け取る。そして以下の残る6枚も同じ動作で広げつつ，それは広げたまま左手に持つ。この動作のときもカードを広げながら，「油，水，油，水…」と呼び上げるのが効果的である。

40 最後に左手と右手をやや離し，右手を10cmくらい上の位置に持って来る。そして数秒，間をおきながら「互い違いに混ぜた水と油ですが，時間が経つと重い水は下に沈み，軽い油は上に浮いてくるのです。」と言い，おもむろに両手のカードを表向きにしてテーブルに広げる。

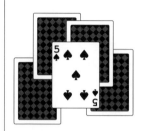

4枚だけのエース
(Open Travelers)

解 説

筆者は1969年に留学でニューヨークに向かう途中ロスアンゼルスに立ちより，5年ぶりにLarry Jennings（1933–1997）と交流したが，そのとき彼は自身の自信作としてOpen Travelersを初めて見せてくれた。4枚のエースを他のカードと混ぜると不思議なことにエースだけが一か所に集まる！という効果を生むのが標準的なフォアエースである。ところがこのジェニングスのユニークな手順では，使うのはエース4枚だけであり，不思議なことにその位置が移動するというものであった。筆者は心からそれを称賛したが，ジェニングスはこの手順は完成度が高いので部分的改良を試みてはいけないとまで発言した。ところが，その後，同じバーノンに師事する若手であったMike Skinner（1941–1998）がこれと類似した手順を見せてくれた。さらにはBruce Cervon（1941–2007）も大同小異の手順をオリジナルと称して，Aero-Dynamic Acesと名づけて演じていることがわかった。これら3人はほぼ同時代にVernonに師事した若手であったが，こうなるとこのプロットがだれのものかが正確にははっきりしない。確かなことはこの3人がほぼ同時期にこのプロットの奇術を演じていたという事実だけである。以上から筆者は本人がいうジェニングスが最初の発案者だったのだろうと推測している。その後，筆者もこの手順を研究したが，筆者はもともと原作が完全であれば，それを自分流にいじくりまわすことは良しとしない立場である。ところ

がジェニングスの手順には一つ問題があった。それは4枚のパケットからトップのカードを右手にパームするという動作が含まれていることである。この動作がどうしても露骨に見えるのが不満であった。そこでカードの表裏を返す動作の過程で自然にカードがパームされる方法を採用することを重視して、手順を再構築することにした。その自然な手順をここに解説しておく。

効　果　　4枚のエースを取り出し、それだけを用いる。見ているとエースがテーブルの上のある位置から別のところに飛行する。それが繰りかえされる。

準　備　　準備はいらない。

方　法　　1　カードを観客に手渡し「ではまずカードを適当に切り混ぜてください。」とお願いする。

　　2　観客がカードを切り終わったら、それを受取り、両手の間に表向きに広げていく。そしてエースが登場するごとにそれを向こうに押し出していく。そうしながらクラブの3を見つける。そうしたら、クラブの3より先のカードを左手に持ったまま、その手で突出したエースを抜き出してテーブルの上に置く（第1図）。そして両手のカードを合わせるとき無雑作にクラブの3が一番下に来るようにカードを入れ替えてしまう。そして、再度カードを両手の間に広げて、残るエースがあれば、それを抜き出してテーブルに置く。その結果エース4枚がテーブルの上に表向きになる。

　　以上がエースを抜き出す仕事の間にクラブの3を一番下に用意する作戦である。

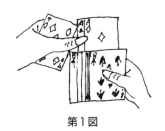

第1図   第2図

　一つ例外がある。それはクラブの3が登場するまでにエースが1枚も出て来ないケースである。そのときは，表からクラブの3までのカードを山として右手に確保し，さらに次のエースまでカードを広げていき，そのエースを向こうに押し出し，ただちに右手でそのエースを引き抜いてテーブルに置き，その動作で右手の山が下になるようにカードを入れ替えてしまうのがいいだろう（第2図）。そこからはあと3枚のエースを取り出す動作を行う。

3　一組のカードを裏向きにしてテーブルに置き，その上にエースを表向きで♠A，♥A，♣A，♦Aの順に一組の上に乗せていく。

4　左手にカード全体を持ち，拇指でカードを右に押し出して，右手でそれを受取るようにすると，両手の間に4枚のエース（表向き）と次の裏向きの♣3の5枚が広がる（第3図）。

第3図   第4図

5　ここで「これから，4枚のエースだけを使って面白いことをご覧に入れたいと思います。他のカードは使いません。」と言いながらカードを揃えつつ，上の5枚を右手で確保し（右手は手前に拇指，向こうに中指で挟み持つ），クラ

ブの3の下に左手小指のブレークを確保する。ただし，そこでぐずぐずして
はいけない。直ちに，ブレークから下のカード全部を左手で持ち，左手首を
時計方向に180度回転させる。すると一組が表向きになる。そこで，それを
左手でテーブルの中央のやや左の位置に横向きに置く（第4図）。

6　そして，あらためて右手のカード（4枚と思われているが実は5枚）を左手
に持つ。

7　ここから両手でカードを確認する動作を行う。その方法は技法と言うほど
難しい動作ではないが，巧妙な作戦になっている。

　　左手にカードを揃えたまま，拇指で一番上のカード（◆A）を右に押し出
し，術者は「ダイヤ」と言い，それを右手に取る（右拇指が下，中指が上）。
そして右手でそのカードをくるりと裏向きにして，それを一番下にまわす
（第5図）。

　　以下，この動作を3回繰り返す。すると♣A，♥A，♠Aが順に裏向きと
なり下に回されることになるが，最後に裏向きのカードが登場する。これを
観客は◆Aだろうと思っているが，実はクラブの3である。

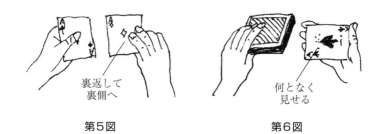

裏返して
裏側へ

何となく
見せる

第5図　　　　　　　　　　第6図

8　次にこのカードの山を右手で持つ。拇指が手前端，中指が向こう端である。
そして，「このエース以外のカードは折角ですから，エースを置くスタンド
に利用しましょう。」と言いつつ，左手でテーブルに横たわっている一組の
カードをそのまま裏向きにする（第6図）。右手は無雑作に返してボトムの
♠Aがちらりと見えるようにしむける。

9　ここでもう一度4枚のエースを検める動作を行う。そのやり方であるが，

5枚を左手に表向きに持ち，5枚を4枚に数える。この局面では最後の2枚を1枚に見せるので，バックルカウントやプッシュオフカウントは使えない。そこで，ごく普通の数え方で4枚を数える。その場合，最後が2枚重ねになる。

そこで1枚ずつカードを広げるとき，右手に取った各カードの左側を左拇指でパチンとはじくようにする。この動作は4回実行されるが，最後の2枚はそれを1枚と同じ様にはじくことになる。

10 そうしたら，右手の山を一旦左手に戻して揃え，裏向きにして左手拇指で上から1枚ずつ3枚のカードを右方向に押し出して，それをその裏向きのまま右手で持つ。右手は拇指が手前端，中指が向こう端である。

そして，その右手の3枚をスタンド（横向きの一組のカード）の上に置く（第7図）。

11 次に左手に残るカード（実は2枚）を1枚と思わせて右手に取る。拇指が手前端，中指が向こう端である。

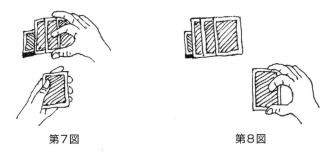

第7図　　　　　　　　　　第8図

12 右手を返して，持っているカードの表を観客に見せる。それは♠Aである。

13 右手の向きを元に戻し，それをそっとテーブルの上（スタンドの右手前の位置）に置く（第8図）。これは2枚であるが，1枚と思わせているので，2枚がずれることがないように注意することが肝腎である。

14 ここから，スタンドからテーブルの上のカードに1枚のエースがテーブルに飛行する現象を演出する。そのために，まずスタンドの上のカード3枚を取りあげて左手に広げて持つ。そして，右手でその一番上のカードを抜き，

他の2枚の間に挟む。そしてカードの広がりを閉じると，左手の3枚のうち
1枚だけが向こう側に突き出しているのがよく見える（第9図）。

左食指がカードを揃える

第9図   第10図

15　次にこのカードを消す演出を行う。そのためには右手で突き出したカード
　　を真横からカバーするようにし，そのまま右手の陰で左手食指を伸ばして突
　　き出したカードの向こう端を押し込んでそれを他の2枚と揃えてしまう（第
　　10図）。そしてその仕事の済んだ食指を素早くカードの下に隠す。そしてカー
　　ドを掴み取った動作をした右手をパッと開いてそれが空であることを見せる。

16　そうしたら，その右手の指でテーブルの上のカードを右に引き1枚が，2
　　枚に分離するようにしむける（第11図）。

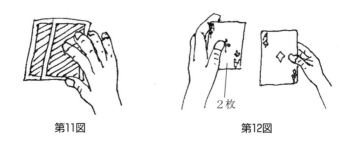

2枚

第11図   第12図

17　これで1枚目のエースの飛行が明らかであるが，術者には次の仕事がある。
　　左手の3枚をよく揃えて持ち，拇指でトップカードを右に押し出す。そして
　　それを右手で（拇指が下，中指が上）取り，表返ししつつ，左手で残る2枚を
　　1枚の如く表返しする（第12図）。そうしたら左手のカード（クラブのエースが
　　見えている）の上に右手のカード（ダイヤのエース）を重ねるが，後者がやや

右下にずれているようにするのがよい（第13図）。

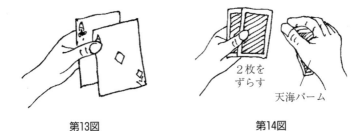

第13図　　　　　　　　　　　　第14図

18　ここでこの左手の２枚を右手で取りに行く。ダイヤのエースの手前端の下に右拇指，上に右四指を当ててカードを挟み持ち，それを裏返しする動作を実行するのであるが，その動作で右手は中指，薬指を握りつつダイヤのエースを天海パームし，左手は残った２枚を指で広げるようにする（第14図）。このときは天海パームのため，術者はやや左半身気味に姿勢を取るのがよい。

19　そして，左手をやや左に引き，２枚の裏向きのカードの存在を強調し，それを台の上に置く。そのタイミングで右手は天海パームのカードをテーブルの上の２枚に重ねてしまい，それを揃えて右手で取りあげる。

20　次に，右手の３枚表向きにして左手に一旦置く。これは実は３枚であるが，ここからこれを２枚に数える。その方法としてはバックルカウントのような技法は使わない。どうするかというと，左手から上の１枚を右手に取り，そのカード（スペードのエース）の左側を左手の拇指で上から下に向かってパチンとはじく（第15図）。

第15図

21　続けて左手の２枚を１枚のように右手のカードの下に取る。それはスペードのエースより左にずれている。そこで，右手でカードをしっかり保持したまま，左拇指で２枚の揃ったカード（ハートのエースが見えている）を同じ要領でパチンとはじく。

22 　そしてカード（3枚）を右手で揃えて裏向きにテーブルの上に戻す。

23 　ここからは2枚目の飛行である。それにはまず右手でスタンドの上の裏向きの2枚を取りあげて左手に一旦置く。

24 　そしてその2枚のうち上の1枚を手前に3cmほど引いておく（第16図）。

 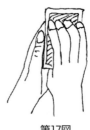

第16図 　　　　　　　　　　　第17図

25 　次に右手でこの2枚のカードを覆い，その陰で左食指を伸ばして2枚目のカードを手前に引き，1枚目のカードとしっかり揃うようにしむける。この動作に合わせて右手を手前に引き，その指先が揃った2枚のカードの上端から3cmの位置まで持ってきて，そこで一旦動作を止める（第17図）。

26 　そして，「次はこのカードを使います。」と言い，右手をさらに手前に引き，そこにあったカードを取り去るように見せかける。そうして，次の瞬間右手の指先をもみながら，その手が空であることを示す。

27 　そして，空の右手の指でテーブルのカードを右に引くようにすると，そこに3枚のカードがあることがわかる。

28 　大切なことは，この瞬間に左手が持っている2枚のカードをあたかも1枚であるように表返しすることである。そのコツであるが，まず2枚を拇指と中指で両サイドをはさみ持つようにする。そして食指を向こう端に当てて，その指でカードを縦方向に180度回転させるのである。回転の軸は拇指と中指である。回転するとクラブのエースが見える（第18図）。

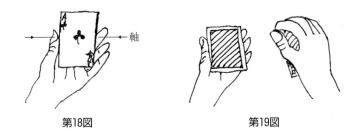

第18図　　　　　　　　　　　　第19図

29　次に，右手で左手の表向きのカードの手前端を掴む。指の位置は拇指が左
　　下隅の裏側，四指が手前端の表側である。この持ち方でカードを裏返しする
　　と丁度天海パームに最適の動作となる。右手は中指，薬指を握るようにして
　　クラブのエースを天海パームし，同時に拇指がクラブの3を左方向に押し出
　　す。そして，左手がそのカードを受取る（第19図）。右手はそのまま天海パー
　　ムを完成するが，この動作のときも術者はやや身体を左半身気味にするのが
　　適当である。

30　左手の裏向きになったカードを左に引いて観客の注意を引き，そのタイミ
　　ングで右手は天海パームのカードをテーブルの上のカードに重ねてしまい，
　　その手でそのテーブルのカード全部を取りあげる。

31　左手はカードをスタンドの上に置く。

32　右手のカードを表向きにして左手に置く。ここから持っているカード（実
　　は4枚）を3枚に数えるが，その方法は前段の方法と同じ左手の拇指でパチ
　　ンパチンとはじく動作である。カード3枚を見せながら，「スペード，ハー
　　ト，ダイヤ」と呼び上げる。実はダイヤのエースの下にクラブのエースが隠
　　れている。

33　それを揃えてテーブルの元の位置に裏向きに置く。

32　いよいよ最後のカードの番である。スタンドの上の裏向きのカードを右手
　　で持ち，それを左手に乗せる。左手を横向きにしてカードは掌部と指の間の
　　位置に横たわる（第20図）。

第20図

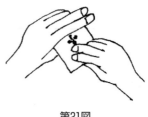
第21図

33　ここで，念のためカードの表を見せる動作を行うが，そのとき，左手食指，中指で下のクラブ印を隠し，右手食指，中指で上のクラブ印を隠して，真ん中のクラブ印だけが見えるようにしてカードの表を見せる（第21図）。これがクラブの3の活用法である。

34　ここからカードを第20図の姿に戻す。そして，ジェリーアンドラスのカードバニッシュの手法を用いる。そのためには左手をテーブルの手前端に近く構えておき，カードを右手で完全に覆う。そのタイミングに，左手拇指でカードの向こう端を手前方向にそっと叩いてやる。するとカードは右手の陰で膝に落ちてしまう。いわゆるラッピングである（第22図）。

軽く打つ
実際には右手が
カードを覆っている
第22図

35　ただちに両手をテーブルの中央の方に移動して，両手を広げ，空であることを示す。観客にはカードが突然消えたように見える。そうしたら，テーブルのカードを右手で取りあげて一旦左手に置く。

36　最後に左手のカードを1枚ずつ右手に取り，スタンドの向こう側に左から一列にカードを表向きに並べていく。そのとき1枚目をスタンドの真上に置き，2枚目はその左側，3枚目は1枚目の右側，そして4枚目は一番右に置くように配慮する。すると左から◆，♣，♥，♠の順にエースが整列する（第23図）。

37　演技が終わると膝にクラブの3が残る
　　が，それは後刻機会をみて気づかれない
　　ように一組に戻すのがよいだろう。

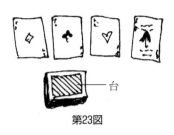

第23図

1 高木重朗（1930−1991）

池田信彦氏，ベン・クラインマン氏，
高木重朗氏，筆者
於いてNY　1970年
筆者は留学中クラインマン氏のマンションを賃借りした。

　高木重朗氏は戦後に彗星の如く現れて，短期間の間に日本の奇術界のリーダー的存在になった大研究家である。筆者は出身大学が同じであるという幸運から学生時代から指導を受ける幸運に恵まれた。筆者の奇術哲学に多大な影響を与えた恩師でもある。筆者は高木氏を師と仰いでいるが，氏から「君を弟子と認める」と言われることはなかった。聞いてみると氏と一番多くの時間を共にした小野坂東氏も二川滋夫氏も「弟子と認める」と言われたことがないそうである。高木氏は，その師である長谷川智氏が奇術の種や情報を大切に慈しみ，なかなか他人に伝えなかったのに対して，正反対の立場を貫かれ，研究者の間では情報はどしどし伝えた方が奇術研究のレベルアップのために効率的であると考え，何でも誰にでも情報を開示するという方針を生涯貫かれた。多くの生徒は氏を師と仰ぐが，氏は相手を仲間とみなしていたと考えられるのである。若いときはもっぱら文献から奇術の情報を身に着けるのが常であったが，晩年は生の実演を鑑賞することの大切さに注目され，海外によく出かけられた。氏が初めて外遊をしたのは1970年のことであり，筆者は当時ニューヨーク留学中であり，現地での案内に一役買ったのであるが，これが師への唯一のご恩返しである。氏が60歳の若さで早世されたのは日本奇術界の大いなる損失であった。いまでは高木重朗氏を知らない世代の人が増えているが，現在でも彼らは知らず知らずのうちに高木氏が整理して残した情報のお世話になっているという事実を見逃すわけにはいかない。

奇術編

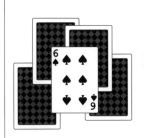

おもてなし
(All Backs)

解　説　オールバックは二十世紀最高のカード奇術研究家であるダイ・バーノン（1894–1992）の作である。筆者が二十世紀のカード奇術の最大傑作は何と思うかと聞かれたら，このオールバックとポール・カーリーの赤と黒（Out of This World）と答えるだろう。今日，多くのカード奇術家はいろいろなオールバックの見せ方を開発し，さまざまなバリエーションで演じている。オールバックに関しては，いろいろな手法の応用が考えられるので，技術的にできることをみんなやろうとすれば，あれもこれもということになって，5分でも10分でも見せ続けることが可能になるだろう。しかし，そんなことをすれば，観客がうんざりするのは必至である。ところで，The All Backsの原案はExpert Card Technique（Hugard & Braue）の新しい版に紹介されている。ここでは，原案の大切なところを重視し，余計な枝葉は剪定してすっきりした手順を提案することとした。

　ところで，オールバックの演出について大切な点に一つ言及したい。この奇術は特殊な種を使わず，ごく普通のカードを用い，それが裏ばかりで表がないカードのように見せるという芸である。しかし，他の奇術を演じた後にこの芸を演ずると観客には「普通のカードの表を出さないようにカードを扱う奇術だ」という印象を与える。それは「不思議」でなく「技巧を見せる」ものになってしまう。

　そこで，筆者が提案するのは，この奇術を演ずるには新しいカードケースか
らカードを取り出して「印刷ミスか，表裏が全部裏模様のカードが売られてい
た。」という話で演技を開始することである。そして，最後に表模様が登場し
てエンディングとなるのが効果的であると考えている。

効 果　　一組のカードの裏表をいろいろと検めてみるのだが，見せら
れる面はどれもこれも裏であり，表のない裏ばかりのカードで
ある。それで全部のカードが両面裏というカードというものが
世の中にあるのかしらと思っていると（実は，そういうカードが実際には奇術用に
売られているのであるが，それはオールバックのためのものではない）最後にカード
の表が突然現れ，全体が普通のカードになってしまう。

準 備　　一組のカードの上から2枚目と3枚目と一番下の3枚を表返
ししておくことだけが準備である。

方 法
第一段
　1　カードを取り出して普通に左手に持ち，上半分くらいを右
手に取り，残る左手の半分をそのまま上に運び，右手のカー
ドの上に乗せる。このとき上のカードは下のカードより左に
2〜3㎝ずれている（第1図）。そこで，両手でこのずれを無くして上下の山
を揃えるが，そのとき二つの山の間に左小指のブレークを作る（第2図）。

第1図　　　　　　　　　　　第2図

　2　ここで，これと同じ動作をもう一度実行するが，この2回目は，上半分を

右手に取るとき，ブレークのところで一組を二分する。そのかわり最後に山を揃えるときにはブレークは必要がない。この2回のカットは見た目がバーノンのダブルアンダーカットと同じに見えるが，その結果は実は完全なフォールスカットになっていることがわかるであろう。

3　ここで右手の四指で一組のカードの上の方を手前に少し引く。すると右手で押されたカードが手前にややずれる結果となる。そこで右手拇指をカードの手前端に当てて，カードを1枚ずつめくりあげながら，3枚を数えあげる（第3図）。そしてその下に左小指のブレークを作る。

第3図

4　「最近新しいカードを買ったところ，メーカーの製造過程のミスのためでしょうか，なぜか両面が裏模様で，表のデザインがないおかしな欠陥品でした。販売店にクレームをつけると正しい品と交換すると応答したので，近々交換に行く予定ですが，まだその品が手元にありますのでご覧にいれましょう。」と言う。

5　次に3枚のカードをあたかも1枚のように持ちあげ，裏返して一組のカードの上に戻す。戻したら，そこに再び，小指のブレークを保つ。観客から見ると表も裏も裏模様のカードを見せられたことになる。この動作の方法であるが，次の要領がよいだろう。

(1)　左手の拇指でトップカードの左側との中央の間を押さえる（第4図）。そして右手でブレークの上の3枚を拇指（手前端）と中指（向こう端）で挟みそれを右方向に2〜3cm動かす。すると，やや曲げられていた左拇指が自ずと一杯に伸びることになるだ

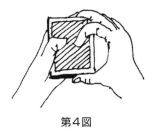

第4図

ろう（第5図）。この動作を観客から見ると，ただ左拇指でカードを1枚右に押し出したように見えるが，実は3枚が押し出されるのである。

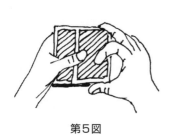

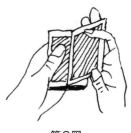

第5図　　　　　　　　　　　第6図

　(2)　そうしたら，そのまま３枚を右手の拇指と中指で挟んだまま持ちあげて，カードの左側に食指をあてて，３枚をクルリと180度表返しする（第６図）。

　(3)　返したカードは直ちに左手の一組の上に戻すが，その下にブレークを保つことを忘れてはならない。

４　「ご覧のようにこのカードは両面が裏模様です。」と説明する。

５　そこで，右手で３枚のうち一番上の１枚だけをめくりあげて取り，それを一組の中程に押し込んでカードを揃えてしまう。

６　「次のカードはこれです。」と言いながら，ブレークの上の２枚のカードで同じ動作を実行する。

７　ただし，今度は，ブレークの上の２枚を揃えたまま向こうに１cmほど押し出し，その向こう端を右手拇指（上）と中指（下）で挟み持つ（第７図）。

８　左拇指で一組の左側をリフルしつつ真ん中あたりでカードをV字状に割り，そこに右手のカード（２枚）を差し込む。

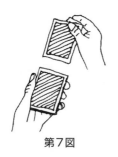

第7図　　　　　　　　　　　第8図

9　このときは差し込まれたカードはやや向こう側に突き出している（第8図）。それを右手四指で手前方向に押し込んで一組と揃えようとする。ただし，そのとき食指でカードを時計の逆方向に回転させる。するとその食指は一組の左上隅をクリアしてそれより下に達する。そのとき2枚のカードの右下隅は一組の右側に突き出しているが，ここで左手薬指，小指でそのカードを左に押すようにすると回転していたカードの向きが一組と揃う（第9図）。ただし，2枚は一組より手前に突き出したインジョグ状態になるだろう。そうしたら右手四指で一組の向こう端を左から右に1回か2回擦る（第10図）。以上の動作はカードをよく揃えようとする動作に見える。この一連の動作を筆者は「Diagonal Push-in」と呼んでいる。

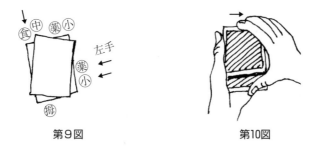

第9図　　　　　　　　　　　第10図

10　インジョグされた2枚を右拇指でやや持ちあげつつ，その下に左小指のブレークを保つ。この時点でのカードの状況は全体が裏向きであるが，ボトムとブレークの真上の2枚だけが反対向きになっている。

方　法
第二段

11　次に術者が実行する動作を筆者はHalf-pass Undercutと呼ぶ。この技法は筆者がUltra-mental Deck（別名Invisible Deck）の演技に効果的な技法として開発したユニークな技法であるが，この場面での活用が目的にピッタリなのである。

Half-pass Undercutはその名の通り，いわばHalf-passとUndercutをほぼ同時に実行する複合的技法であるが，面白いことに，難しい技法であるとされるPassよりもさらに難しいと考えられるHalf-passよりも易しい。それは続く

Undercutの動作がその秘密の動作のカバーになっているからである。

では，ここにその技法を説明しよう。

(1) 左手に一組を持ち，右手をその上に添える。

(2) 次に，ここからの秘密の動作が見えにくいように，右手の四指で一組の
カードの向こう端から下をカバーするようにする（第11図）。そして，さら
に秘密の動作が見えにくいように両手をやや前下がりに構えることも有効
である。

観客から見た姿

第11図　　　　　　　　　　第12図

(3) ここから左手中指，薬指，小指の力でブレークから下の山を時計方向に
180度回転させる。これはハーフパスの動作そのものである（第12図）。

(4) ただし，この技法の場合には，下の山が反対向きになったら，そのまま
左手に下の山を保持したまま左に引き抜いてしまう（第13図）。

(5) その山を右手の山に乗せる。このときは左手の山が左に2～3cmずれて
いてよい（第14図）。

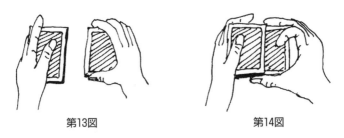

第13図　　　　　　　　　　第14図

(6) 最後にずれた山を揃え，間に小指のブレークを保つ。

12 ここから見た目が全く同じで，実際には本当のアンダーカットを実行する。ただし，ブレークを保ち続けることが肝腎である。

13 以上の2回のカットの意味はなにだろうか？観客から見た目はバーノンのダブルアンダーカットと同じようにカットを2回行ったように見える。事実は，結果として，上半分は変わらず裏向きのままでボトムだけが反対向きの状態にあるが，下半分は逆にトップが裏向きで残りは表向きになっている。

14 ここで「おかしなカードでしょう。」と言い，右手でブレークから上のカードを右方向に広げて見せる。見えるのは裏ばかりである。このとき，山の一番下の表向きのカードがチラつかないように注意する。カードを閉じて揃える。

15 次にブレークを保ったまま一組を反転する必要がある。これを実現する動作を「Break keeping turn-over」と呼ぶことにする。

その手続きであるが，まず，ブレークから上の山の1cmほど向こうに押し出し，ブレークをはずす。するとブレークがステップ（単なる位置のずれ）に変わる。次に，右手四指を一組の向こう端にあてて一組全体を縦方向に180度くるりと返す。この動作を行うと，その結果は同じ方向のステップが残る（第15図）。そこでそのステップを左小指のブレークに戻す。

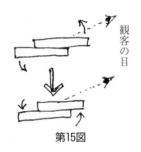

観客の目

第15図

16 そうしたら，右手で上の山を右方向に広げて見せる。見えるのは裏ばかりである。よく見せたらカードを揃える。

17 そこで，再度上に説明したHalf-pass Undercutと本当のUndercutの連続技を実行する。これで一組は10項の状態に戻る。

方　法 第三段	18 次は一組を二分してその各々の裏表を見せる動作である。」その手続きであるが，まず右手でブレークから上の山を取り，その手を返してそのボトムをよく見せる（第16図）。

第16図　　　　　　　　　　　　　第17図

19　次に残る下の山を持っている左手の手首を時計の逆方向に180度回転し，
　　その山のボトムも見せる（第17図）。以上で，観客は一組の4面の裏模様を見
　　ることになる。

20　ここから左右の手は手の向きを元に戻すが，そのとき大切な動作がある。
　　それは手を回転させつつ右手の中指，薬指を強く握るようにして，指先が底
　　のカードを小指の方にずらせるように仕向けることである。この動作は実は
　　サイドグライドの動作と同じである（第18図）。違うのは指の力をさらに強め
　　て，引いた底札が角度を持ってその他のカードから離れるように仕向けるこ
　　とである（第19図）。するとそこにV字状の割れ目ができる。

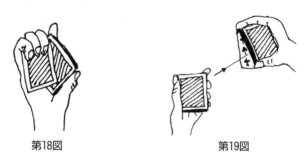

第18図　　　　　　　　　　　　　第19図

21　このタイミングではこのV字の割れ目は手前側に位置している。そこで，
　　左手の山をその割れ目に押し込んでおいて，すべてのカードを揃える。この
　　ときは，もうブレークを保つ必要がない。この結果，一組は裏向きで，例外
　　がボトムの2枚だけという状態になる。

22　ここからこの手順のコーダ（終曲）に入る。まず，一組を左手に持ち，右手でトップカードをめくりあげ，そのカードをテーブルに置く。

23　続けて一組全体を裏返しし，右手でその一番上の1枚をめくりあげ，それをテーブのカードに重ねる。

24　さらに，一組を裏返しし，右手でトップカードを取り，テーブルのカードに重ねる。

25　次であるが，今度は一組を右手で掴み持ち，手首を180度回転させて裏面を見せる。そして，それを元の姿勢に戻しつつ右中指，薬指で底札を密かに小指の方向に1cmほどずらせる（第18図参照）。これは典型的なサイドグライドの動作であり，続けて左手の中指で底から2枚目のカードを引き出してきてそれをテーブルのカードに重ねる（第20図）。

第20図

26　もう一度右手を返して底札を見せてから，姿勢を元に戻し，直ちに右手でトップカードを取りそれをテーブルのカードに重ねる。

27　ここまで来たら右手でテーブルの5枚のカードをそのまま取りあげて，一組の上に戻す。

28　そして一組のカードを裏返ししつつ「こんなカードではポーカー遊びなどはできませんよね。」という。

29　オールバックの最後のクライマックスとしてここで鮮やかなカラーチェンジの演出をするのが一番効果的であると考える。そのためのいい方法を説明しよう。一組を左手に持ち，右手を上から添える。このとき左手の拇指はカードの左側に位置させるのがよい。そして，右手は四指をカードの向こう端に当てて，拇指は手前端の真ん中あたりに位置させる（第21図）。ここから左手の中指を上手に使って底札を右の方向に押し出すようにする。このとき左右の指は動かさないことが大切である。動くのは観客から見えない左中指

だけである。

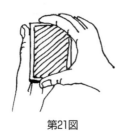

第21図

観客には
見えない

第22図

　さて，左手中指でどこまで底札を動かすのかというと，その理想の最終位
置は，底札の左下隅が右拇指に当たり，右上隅が右小指の先の関節に当たる
ところである。この位置に底札が来ると，右拇指と小指で底札を挟み持つ姿
になる。そこまで来たら，両手を左に20度くらい回転させつつ，左手で底札
より上のカード全体を掴んで左方向に10cmくらい移動する。すると，右手は
自然に底札を保持する姿になるが，手を回転させたお陰で，観客からはその
カードは右手の陰に隠れている（第22図）。そうしたら直ちに右手のカードを

そのまま左手の山に重ねてしまい，そこから
右手を手前向かって動かし，指先がカードの
表面を縦に擦るようにする（第23図）。これを
観客側から見ていると左手の一番表のカード
が急に裏模様から表模様に変化したように見
えるので，観客はこれまでの演技で裏ばかり
の印刷ミスのカードと思っていた一組の上に

第23図

突然表模様を初めて見て，びっくりすることになる。これがカラーチェンジ
である。観客が驚いているとき，術者も「あれあれ！」と驚く芝居をする。

30　ただし，カラーチェンジが起こった瞬間には，なんとなく右手に裏向きの
　カードが隠されているという疑いを招くので，ここで術者はあえて右手が空
　であることをよく示す。

31　最後に，一組を揃えて右手に取り，それをテーブルの上に左から右に向

かって帯状に広げる動作（リボンスプレッド）を行う。ただし，このとき筆者
が開発した巧妙なミスディレクションを用いる。それはリボンスプレッドに
際して，右手で広げ方を調整し，一組の下半分（術者から見て左側）はカード
が密になるようにし，上半分（右側）は各々のカードが見えるように広げる
ようにする。たたし，上から2枚目に裏向
きのカードが隠されているので，それが出
て来ないように細心の注意を払う（第24図）。

2枚目が出ない
ように注意

第24図

この広げ方は，演技の最後をたいへん公明
正大にする効果がある。どうするかという
と，右手の食指でカードが密に個々のカー
ドが見えにくいところを丁寧に繰っていき，
カードの表がよく見せるように振舞うのである。最後の一番下のカードまで
広げると見せてもカードには怪しいところが全くない。こうすることによっ
て観客の注意が自然と下半分の方に集中させられるので，上の方には注意が
向かなくなるという策略である。この方法を「Bottom Dense Ribbon Spread」
と呼ぶ。

32 以上が終わったら，注意深くカードを集めてカードケースに戻してしまい，
それも片づけてしまい。テーブルの上が空になったら「おかしなカードでし
たね。」と言って，演技をしめくくる。

2　石田天海（1889－1972）

筆者，天海　於いて原宿天海宅　1964年

天海師は明治，大正，昭和にかけてアメリカ，日本で大活躍をされた名プロ奇術師である。1959年，筆者は母校の奇術愛好会の発表会で舞台に立ったのであるが，そのときその半生を過ごしたアメリカに別れを告げて帰国されて間もない天海師が客席で見物しながら学生の演技を楽しんでおられた。この会が終わると四つ玉を演じた吉本忠彦氏と筆者の二人を名差しして「自分の研究会にあの二人を呼びたい。」とおっしゃったのだそうである。帰国した天海師にいち早くアプローチして研究会を始めていた風呂田政利氏としては師の言葉には逆らえない。早速吉本，氣賀に声を掛けた。二人はびっくりしたが，もとより天海の大ファンである。高木重朗氏とも相談し，直ぐにその研究会に参加することとなり，それから師が名古屋に転居されるまでの期間，師と親しく接することができた。氏は「自分が身に着けたノウハウを天国に持って行くのは馬鹿げている。何でも誰にでも教えるつもりだ。」とおっしゃり，聞けばなんでも丁寧に教えてくださされた。筆者はしばしば原宿に師を訪ねて奇術を語り合っていたが，あるとき東京で水不足が生じて水道が出なくなるという事態が起こった。そのとき筆者は我が家の井戸水の水を一升瓶に詰めておとどけしたことがある。奥様は「これでご飯が炊ける。」と喜ばれたが，師は「日本酒じゃないの？」とおどけられた。一方，吉本氏は日本酒を一升抱えて原宿を訪ねるのが常であり，お燗をして二人でチビチビやるのが楽しみだったという。だから奇術を習った覚えがないと語る。師がお燗をしに台所に行くと奥様が師の健康を考えて嫌な顔をされ，師が拝むように「もう一本だけ！」というのがいつものことであったという。筆者がいま神様に「誰か一人にだけ会わせてやる。」と言われたら，天海師をお願いし，吉本氏と三人でお燗のお酒をご一緒したい。吉本氏の奇術に関係のない師と共に過ごした至福の時間の尊さを耳にして，今でもうらやましくと思っているからである。筆者は天海師の奇術もさることながら，その観客を大切にする人柄にほれ込んだのであった。

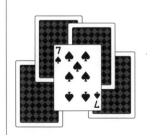

色鮮やかな凱旋
(Colour Triumph)

<table>
<tr><td>解 説</td><td>　トライアンフはダイ・バーノンの傑作の一つであるが，これに裏模様の色変わりの現象を付け加えてカラー・トライアンフの演出を考えたのはDerek Dingle（1937–2004）である。筆者</td></tr>
</table>

がニューヨークで留学生活送っているときが，たまたまディングルが英国からアメリカに渡ってきて，活躍し始める時期であった。筆者の滞在があまり長くなかったので，ディングルとの交流は短かったが，それは楽しかった。

　その彼の代表作がこのプロットであり，それをカラー・トライアンフと呼んでいた。彼の出身地を意識して英名をColourの綴りで書くことにした。そのとき，筆者は彼自身の手順がその演出のための独特の動作を必要とすることに不満を感じ，動作をごく日常的な動作に改める改案を考え彼に提示した。それを見た彼がとてもいい手順だと評価し，それを発表する許可を与えたのであるが，それと交換に私が見せた「For ova Kined」と呼ぶオリジナル手順に関心を示し，それを彼流に修正した手順を発表させてくれと言われ，互いに了承しあったのが1970年のことである。ところがその後彼は「a la Kiga」と題してその研究を発表しているが，筆者は自身のカラー・トライアンフを発表する機会に巡り合わなかったのである。今回この機会に50年ぶりにディングルを偲んでこの作品を解説することとした次第である。彼は生まれ年が筆者と同じであるが，約20年前に他界している。飲酒量を少し制限していれば，もっと長生きして活

躍できたはずであり，その早世が残念である。

　なお，このプロットは過去50年筆者のレパートリーで在り続けたが，実演に際して事前に青デックで少し演技をしたのちに，巧妙な方法でデックスイッチを実行し，それに気づかなかった観客に最後のクライマックスを楽しんでいただくようするのが常であった。今回はこのデックスイッチの手法も解説しておく。

用 意
　裏模様が青のカードでカラー・トライアンフを演じ，最後のクライマックスで裏模様が赤になる様に演出すると仮定し次の様に用意する。

1　仕掛のない普通の裏模様が青のカード一組（Aと呼ぶ）。

2　カラー・トライアンフ用の裏模様が赤のカード一組（Bと呼ぶ）。このカードには仕掛けが必要である。そこから３枚のカードを取り除いておき，代わりに別の赤模様のカードから同じ３枚を選び加える。準備としてはその３枚のうち２枚をトップに置き，最後の１枚は表向きにして真ん中あたりに差し込んでおく。説明の都合上，この最後のカードがハートの５であるとしよう。

3　ボール紙細工などで，カード一組が横向きにゆったりと入る箱を作り，それをズボンの後ろの位置にバンドで止めておくのが大切な種であり，そこにBの一組を入れておく。

方 法
第一段
前奏曲
　１　Aのカードで何かカード奇術を演じた後，カードを広げ，何気なく，Bのカードのなかで裏返しになっているカードと同じハートの５を探し出してそれをトップに持って来ておく。
　２　そして「『寝返りカード』というマジックをお見せしましょう。」といい，このハートの５を何らかのフォーシングの技法で観客に選ばせる。

3　一組のカードをその観客に手渡し，選んだカードと一緒にして良く切りまぜてもらう。

4　ここで，術者は後を向き，手を後に差し出す，そして，切ったカードをこの手に手渡してもらう。

5　カードを受け取ったら前に向き直ると，自然にカードは観客から見えない位置になる。ここで，次のせりふを話しながら，秘密の動作を行う。「私がカードを後ろ手に受け取りましたので，お客様のカードがどこにあるかは全く見当がつきません。しかし，これと思うカードを中から抜き出してみます。そうしたら，それを，裏返しして，真ん中あたり差し込んでおきます。」このとき術者は言葉と違う秘密の動作を実行しなければならない。すなわち，手に持っているカード一組（A）と用意してあったカード一組（B）とを交換することである。台詞が終わったら，秘密の動作も終っていなければならない。

6　そうしたら，カードを前に持ってくる。そしてトップの裏が上を向いているように持つ。

7　直ちに，カードを表向きにして，テーブルの上に帯状に広げる。すると，1枚のカードが裏向きになっているのが見える。ここで，「では，あなたの選んだカードは何でしたか」と質問する。

8　裏向きのカードを抜いて，それを表向きにすると，客の選んだハートの5である。最後に「これを『寝返りカード』と呼びます。」と言う。

9　これを一組のカードの一番下（トップ）に置いて，カードを揃える。これでデックスイッチが完了したことになる。この様に奇術を一つ演じながら，デックスイッチを実行するのがスイッチをカモフラージュする賢明な作戦であると考える。

方　法
第二段
間奏曲

10　デックスイッチをした直後に，次の奇術を演ずるのでなく，できれば間で一つは間奏曲を演じたいと筆者は考えている。ただし，この手順では，間奏曲でカードの裏を自由に見せるわけにはいかない。そこで，以下に，カードを表にしたままで演ずることができるような間奏曲を用意した，カードを表向きに広げ，4枚のキングを取り出してテーブルの上に並べる。

11　一組のカードを扇状に広げ，4枚のキングをバラバラに差し込むのだが，ダイヤのキングだけは一番左になるように留意する。

12　カードのファンを閉じると4枚のキングが向こう側に突き出している状態になる。ここで，この4枚を一組の中に押し込むように見せながら秘密の動作を行う。それは次のようにするのである。まず，左手の食指で一番下（裏側）のダイヤのキングだけを押し込んで他のカードと揃えてしまう。残るのは3枚のキングである。つぎに，キングを押し込む動作に見せかけてマルチプルシフト呼ばれる技法を用いて，3枚のキングを左手に抜いてしまい，その上に右手のカードをヒンズーシャフルで切り混ぜるのである。

13　ここで，マルチプルシフトの方法の詳細を説明しよう。まず，カードは左手に持っている。ただし，カードは左手の掌から離れていて，カード全体が左指先の方で保持されて浮いている状態である。いま，ダイヤのキングを左食指で押し込んでしまったので，そのほかの3枚のキングが向うに突き出している状態にある。この状態で，左手の食指を突き出している3枚の向こう端に当てて，左拇指と中指で一番表のカード（ボトム）を挟みつけてそれを保持する。右手の拇指と中指でカード全体を両サイドから挟み持ち，ここで三つのことを同時に実行する。それは①左拇指と中指でボトムのカード（1枚でも数枚でもかまわない）を左食指の方向に引くこと②左食指は3枚のキングを押し込むこと③右手の拇指と中指でボトムを除くカード全体を手前に引き抜くこ

第1図

とである（第1図）。こうすると左手に3枚のキングとボトムのカード（1枚ないし数枚）が確保され，それ以外は右手が持つ状態になるから，その右手のカードを左手のカードの上にヒンズーシャフルで切るのである。観客からはただキングを一組の中にまぜて，カードを切り混ぜているように見えるはずであるが，実際にはキングが3枚一番下（トップ）の揃う結果となる。

14　このマルチプルシフトの方法では，秘密の動作と同時に，直ちに，ヒン

ズーシャフルが始まるが，右手のカードのボトムは3枚が裏模様の青のカードだから，シャフルの途中で一旦シャフルを中断し，右手のカードを左手のカードの上に置く。ただし，そこに左小指のブレークを作る。

15　次に，まず，ブレークの上のカードを右手に取りテーブルに置く。次に残るカードを右手に取りその上に重ねる。

16　ここで，カード全体におまじないをかけてからカードをリボン状に広げる。すると，ダイヤ以外のキング3枚が一緒になっている。これを一緒に抜き出して，別にしておき，次にダイヤのキングを探して，これを抜出して，キング3枚の右側（観客から見ると左側）に少し離して置く。

17　「普通はこのようにすると魔法の力で4枚のキングが一緒になるはずなのですが，今日はなぜかうまくいきませんでした。でも，その理由がわかりました。ご覧ください。このダイヤのキングはなぜかご機嫌が悪く，つむじを曲げているようです。ダイヤだけ顔を横に向けているでしょう。」と言う。ご承知のとおり，ダイヤだけはキングが横向きにデザインされているので，こういうギャグが使えるわけである。

> **方　法**
> **第三段**
> **主　題**

18　再びキング（ダイヤ以外）3枚を一組のカードの中にばらばらに差込み，ダイヤのキングカードは一番表に置く。そして，その表向きのまま一組を左手に持ち，何気なく，右手で一番表のダイヤのキングを取って，一組の真ん中あたりに差し入れる。これは，次の動作の伏線なのである。

19　カードを揃えて裏向きにする。このとき，一組のトップから3枚だけが裏模様が青であり，残りは全部裏模様が赤のカードである。さて，ここで，一番上のカードを取って，一組の真ん中あたりに差し込む。このとき，そのカードの上にブレークを作らなければならない。そのためには次の技法を利用する。まず，カードを半分差し込む。カード半分だけ向こう側に突き出している（第2図）。次に右手の指でこれをさらに押し込む動作をするのであるが，右手の食指でカードをやや左に回転させ，カードがやや斜めになるよう

にする。こうすると，右手の食指はカードを
一組のカードの左上隅まで押し込むことがで
きるのみならず，この位置を通り過ぎてさら
に左辺の方にまで到達することができる（第
3図）。このとき，カードの右下は左手の小
指の方に突き出す。そこで，その個所を左手
の小指で左下方向に押してやる。すると，1

第2図

枚のカードは一組と揃うのではなく，逆に手前の方に少し突き出すようにな
る（第4図）。カードの向う端が揃ったら，その面を右手の四指で左から右に
擦る。この動作はカードをよく揃えたという印象を与えるいいミスディレク
ションの役割を果たす。

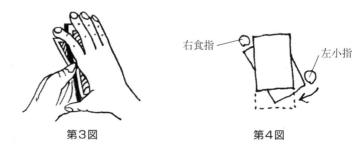

第3図　　　　　　　　　　第4図

20　そこで，右手の拇指でこのカードを下に押さえながらカード全体を揃える
　　と，このカードの上に左小指のブレークを作ることができることになる。

21　ブレークの上のカードを右手で持ちあげテーブルの上に置く。次に，残る
　　カードを右手にとり，テーブルの上のカード
　　の上にポンと乗せる動作をするが，実際には，
　　乗せるカードをテーブル上のカードより左に
　　1センチくらいずらしておく（第5図）。これ
　　はステップというテクニックである。

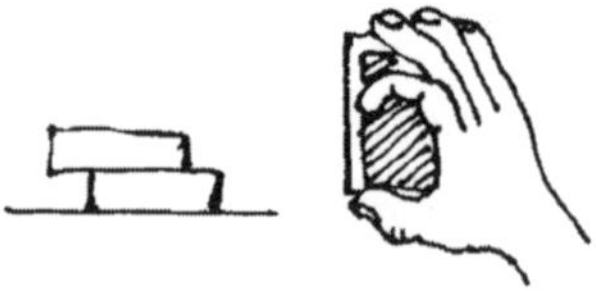

第5図

22　カード全体を右手で手前に引いて取り上げ，
　　左手に置き，揃えながら，カードの分かれ目に再び左小指のブレークを作る。

ここまでの動作では，カードがずれて，裏模様が赤のカードが出てくることがないように注意することは言うまでもない。

23　ここまでは，演技の前の予備動作であり，ここからが演技の始まりである。まず，左手を起こし，カードの表が観客の方に向くようにする。そして，右手の中指で上端をリフルする。そして，観客に「好きなところで止まれと言って下さい。」という（第6図）。

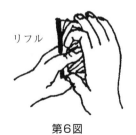

リフル

第6図

24　「止まれ」と言われたら，そこでリフルを止めて一瞬間を置く。そして，直ちに，カードの分かれ目を合わせて，両手の位置を下げ，同時にブレークの位置でカードを分離する。右手と左手を左右に離すと観客からは両手のカードの裏模様（青）が見える。

25　ここで，左手を再び起こし，カードの表が観客の方を向くようにする。そして，左手の拇指で左手の一番裏のカードを右に押し出す（第7図）。観客にはそのインデックスが見えるだろう。ここで，「このカードをお選びになりました。」と言いながら，左手を下げ，このカードをテーブルの上に置く（第8図）。

第7図　　　　　　　　　　第8図

26　左手を下げ，右手のカードをその上のポンと置くように見せかせ，実際には，右手のカードを左手のカードより2センチほど向こうにずらせて重ねる（第9図）。これもステップである。そして，このカードのずれを調整しながら，間に再びブレークを作る。

第9図　　　　　　　　　　　　第10図

27　「では，お選びのカードをお覚えになり，さらに他のお客様にもよく見せて下さい。」と言う。観客がカードを周りの観客に見せている間に，一つ秘密の動作を実行する。それはハーフパスといわれる技法であり，一口で言うと，ブレークより下のカードを裏返しにするのである。その動作を説明すると，右手の中指，薬指，小指の３本がカードの前面を覆っている状態にしておいて，その陰で左手の中指，薬指，小指でカードをひっくり返すのであるが，その動作はターンオーバーパスに似ている（第10図）。ハーフパスはターンオーバーパスと同じくらい難しい技法であるが，この手順では，観客の視線が選ばれたカードに向けられているときに行うので，観客の注意が術者の手に注がれる可能性は低い。なお，ハーフパス完了後も同じ位置に左小指のブレークは必要である。

28　次に，選ばれたカードをテーブルの上に置いてもらい，これを右手に持つ。そしてこのカードを左手に持っている一組のカードの中央付近に差し込むのであるが，その位置はブレークの位置でなければならない。そのためには次のようにするのである。右手のカードを差し込もうとする瞬間に，左手の親指の押さえをゆるめる。すると，カードの左側に，Ｖ字型の割れ目ができる。これは，左小指のブレークのおかげである。そこで，右手のカードの右下隅を一組のカードの左側からこの割れ目に差し込んでしまう（第11図）。差し込んだら，

←ブレーク

第11図

直ちに，左小指のブレークを抜き去る。まだ，カードは半分向こうに突き出
している。

29 右手で突き出したカードを押し込む動作で，カードを手前側に持ってくる。
これは19，20で説明した動作である。そして，このカードの上に再び左小指
のブレークを作る。

30 ここで，22で説明したカットを行い，ブレークの上と下のカードの位置を
入れ替える。

31 次はいよいよトライアンフの特徴となるリフルシャフルの部分である。ま
ず，ブレークの上のカードを取り，テーブルの上に横向き置く。そして，次
に，左手の甲を上向きにするように回転して，左手のカードを表返し，テー
ブルの上の先程のカードの左側に横向きに置く（第12図）。

第12図

テーブルリフルシャフル
第13図

32 ここで，左右のカードの手前側にそれぞれの手の拇指をあててテーブルリ
フルシャフルを行う（第13図）。このリフルシャフルで大切なのは，最初に左
右のボトムから1枚ずつがテーブルに落ちること，それから，シャフルの最
後に右手のカードの最後が落ち，その上に左手の最後のカード1枚が重なる
ようにするということである（第14図）。これは，左右の拇指で調節しなけれ
ばならない。もう一つ大切なことは，左手のトップ以外のカードは実は表向
きなのであるが，観客にはこれが秘密であるから，気づかれてはならないと
いう点である。テーブルリフルシャフルを使うのはこのためである。

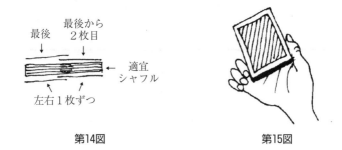

第14図　　　　　　　　　　第15図

33　ここで，カード全体を揃えて左手に持つ。トップは表向きである。次に，
　　ヒンズーシャフルをするつもりでこれを右手で取る。そして，カード全体の
　　裏を見せる。見えるのは青の裏模様である（第15図）。カードの向きを元に戻
　　す。ここで「カードを半分表向きにして良く切り混ぜたので，裏向きのカー
　　ドと表向きのカードがでたらめに混ざってしまいました。」と言う。トップ
　　1枚を左手の拇指で取る（第16図）。そして，右手のカード全体を左手のカー
　　ドの上に置く。トップに青の裏模様が見える。

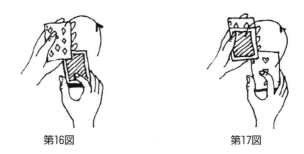

第16図　　　　　　　　　　第17図

34　次に，右手でカードの上半分を取り，そのトップ1枚を左手の拇指で取る
　　が，そのカードの位置は，左手の下半部のカードより，2センチほど手前に
　　ずれるようにする（第17図）。そして，その上に右手のカード全体をポンと置
　　く。この結果，トップは表模様のカードとなる。1枚，裏向きのカードが手
　　前に飛び出しているが，観客はこれに気づかない。

35　手前に突き出したカードを右手の拇指で押し込みながら，その下に左小指
　　のブレークを作る。

36　ここで，カードにおまじないをかける。

そして，小指のブレークのところに左手の
中指，薬指を差込み，その指先の腹で，ブ
レークの真上のカードを密かに右方向に3
センチくらいに引く。このカードの動きは

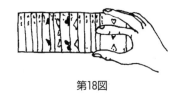

第18図

右手の陰になっているので観客からは見えない。この状態で，カード全体を
右手で持ち，これをテーブルの上で右方向にリボン状に広げる（第18図）。

　すると，密かに右に引いておいたカードは他のカードの陰になっているの
で見えない状態になる。その外のカードはすべて表向きであるから，ここで，
観客は，すべてのカードが表向きになったことに驚く。「この様にすると不
思議なことにすべてのカードが表向きになってしまいますが，これではお客
様が選んだカードがどこにあるかさっぱり分かりません。」と言う。

37　カードを一つに揃え，再度，おまじないをかけ直して，再び，テーブルの
上にリボン状に広げる。今度は，裏向きのカードが1枚現れる。このカード
を裏向きのまま，リボンから抜出して観客に近い位置に置く。

38　「さて，お客様の選んだカードは何でしたか。」と尋ねる。この間に，リボ
ン状のカードを揃え，それを取りあげて揃えて左手に持っている。カードの
名前を聞いたら右手で，テーブルの上の裏向きのカードをおもむろに表向き
にすると，これは正に選ばれたカードそのものである。

39　いよいよクライマックスである。「なぜ，このカードが見つかったのかと
言いますと，実は，それには秘密があります。それは，このカードだけ，他
のカードと裏の模様が少し違っているからなのです。」と言う。この時点で
はそう言われても観客は何の意味かわからない。しかし，続けて左手のカー
ドを右手で裏返し，右手でテーブルの上にリボン上に広げると，驚いたこと
に一組のカードの裏模様がすべて赤になっているのである。さて，このとき
のカードの広げ方には大切な秘訣がある。それは，右手の食指でカードの広
がる量をうまくコントロールし，ボトム近くはカードを密にすることである。
それから，トップから数枚のところに裏模様が青のカード2枚混在している

ので，これが見えないように配慮することも大切である（第19図）。そして，一旦広げたら右手の食指で，左の方のボトムの近くのカードが密になっているあたりを指で繰って，1枚ずつ広げてみせる。すべてが赤の裏模様になっていることを強調するのである（第20図）。この動作によって，観客の注意はトップの近くには及ばない。一種のミスディレクションである。この策略を筆者は「ボトムデンスリボンスプレッド」と呼ぶ。

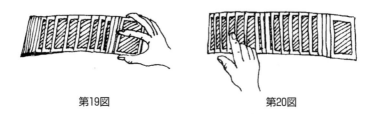

第19図　　　　　　　　　　　第20図

40　最後に，広げたカードを揃えながら，選ばれたカードの裏模様に注意を引き，「それにしても，お客様はなぜこの中からたった1枚の裏模様が青のカードを選ばれたのでしょうか。」と言い，演技を締めくくる。そして，テーブルのカードを片づけて，ケースに入れてしまう。

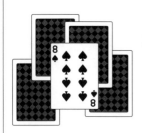

赤と青の
フォアエース
(Red and Blue Four Aces)

解 説	通常，フォアエースというと４枚のエースをそれ以外のカードと混ぜ合せると，不思議なことにエースだけが一か所に集まるというものである。これは一組のカードで演ずるのが普通で

あるが，Lin Searles（1914-1972）がエースは裏が青，それ以外のカードは裏が赤という条件でこれを実演できないか！というテーマに挑戦し，それを実現する方法として，カードの一面が青の裏模様，その反対面は赤の裏模様という特殊なダブルバックカードを活用する作品を発表した。その後，ダイ・バーノンがダブルバックを使わないで通常の青裏のカードと，赤裏のカードだけを用いて演ずる方法を開発したのであった。これらを学んで以来，筆者はこの奇術が大好きになり，レパートリーに加えている。ただし，バーノンの原案をさらに簡素化し，非常にスムーズで自然な手順に仕上げてあるので，今回はそれを解説することとした。

　この奇術は舞台裏では，かなり複雑な仕事を必要とするタイプの奇術ではあるが，あまり難しい技法を使っていないので，その気があれば誰でもこの名作をマスターできると信ずる。なお，この奇術を効果的に見せるための唯一の大切な技法はElmsley Countである。この技法は英国の鬼才Alex Elmsleyが創作した便利な技法であるが，あまりに便利なので，いまでも多くの愛好家がそれを安易にパケットトリックなどで乱用している。その状況は誠に残念である。

奇 術 編

この技法はこの奇術のような場面で活躍するように大切にしたい宝物であると
思う。

効 果 ばらばらにした４枚のエースが魔法の力で一か所に集まると
いうのがフォアエースの典型であるが，凝っているのは，エー
スは青バック，その他のカードは全部赤バックという条件を課
すことである。こんな難しい条件下でどうやってフォアエースを演ずるのであ
ろうか。

準 備　　１　この手順を演ずるためには，裏模様が赤のカード一組と裏
模様が青のカード一組とが必要である。そして，さらに同じ
裏が赤のカードをもう一組用意し，その中からハート，クラ
ブ，ダイヤのそれぞれのエースを抜き出す。必要なものは以上である。

２　赤のカードにのみ，次のセットで準備をする。トップから９枚の数字が偶
数カード，続けて♠Aを除く３枚のエースの順に12枚をセットする。それか
ら余分の４枚のエースを一組の中のボトム側半分の中にバラバラに入れてお
く。

方 法　　１　最初に，裏模様が青のカードを用いて，普通のフォアエー
ス手順（バラバラにしたエースが一か所に集まるという現象のもの。
例えば，ステップアップカードマジックP 82「四枚のエース」（エド
ワードマーロー））を１回演ずる。

２　最初のフォアエースが終わったら，カードの中を何気なく見ながら，トッ
プの３枚を数値が奇数のカード（クラブの５とかハートのジャックとか）にして
おく。そして，この裏向きのカードのさらに上にエース４枚を表向きに置く。
ただし，４枚のうち一番下がスペードのエースでなければならない。

３　ここで，次のような話をする。「ご覧に入れた奇術は一応不思議に見えた
とは思いますが，お気づきのとおり，カードというものは裏向きにするとみ

102

な同じ裏模様であり，どれがエースでどれが普通のカードかがよくわからなくなります。そこで，裏模様の違うカードを用いて，裏から見てもどれがエースか一目瞭然という状況で，同じ奇術を演ずるという課題に挑戦してみましょう。」

4　用意された裏が赤模様のカードを取り出し，表向きに持ち，上の半分をヒンズーシャフルで切り混ぜる。このシャフルはトップ側の12枚を狂わさないので一種のフォールスシャフルの役をする。そうしたら，カードをボトム（一番上）から右に広げていく，そして，エースが出て来る毎にそれをテーブルの上に置いていく。4枚のエースがテーブルの上に出たら，一組のカードを閉じて裏向きに持つ。

5　ここで，テーブルのエース4枚を取りあげて「この裏が赤のエースは使いません。」と言い，側の方にどかしておく。

6　次に「エース以外のカードを12枚使います。」という。そして，一組のトップから1枚ずつ12枚のカードをテーブルの上に配って山を作る。この結果，12枚のうち上3枚はエース，その下の9枚は数値が偶数のカードとなる。この結果，観客は「エースでないカード12枚がテーブルの上に置かれた」という印象を持つ。バーノンの原案では，この状況をつくるために難しいスイッチの手法を用いていたが，この手順ではそれをあらかじめの仕掛けと巧みな心理的作戦とで解決することとしたのである。

7　ここで，前半のフォアエースで用いた裏模様が青のカード一組を手に取る。そして，トップから8枚くらいのカードを右に広げながら，「エースは裏が青模様のものを用いましょう。」という（第1図）。ちなみにこのとき上から4枚目がスペードのエースでなければならない。

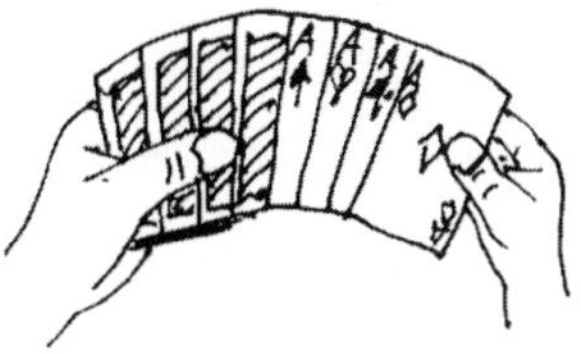

第1図

8　この広げたカードを閉じながら上から7枚目のカードの下に左小指のブレークを作る。カードを閉じたとたんに，上から7枚のカードを揃えて右手に取る。このとき，指の位置は手前端に親指，

向こう端に中指と薬指，小指である。食指は
カードの上に軽く添えられている。カードの
左上の隅に右手の中指先の腹がかかっている
持ち方がよい（第2図）。このように見せた
カードより多くのカードを密かに取る手法は
Secret additionと呼ばれる。

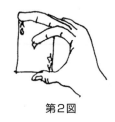

第2図

9　ここで，右手のカードの一番上（エース）の上に左手の親指を持ってくる。
そして，左手の親指でこのカードを左方向に引く。引く長さは2cmくらいで
よい。左手の中指を右手のカード7枚の下に添えるようにするとこの動作が
やりやすい（第3図）。次に，この引いたエースの左側を左手の親指で軽くお
さえて，エースの右側を右手に持っているカードの左側で押しあげてやると，
エースが自然に左手のカードの上のヒラリと裏返る（第4図）。

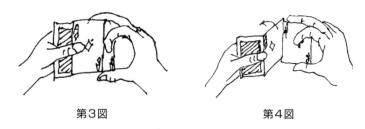

第3図　　　　　　　　　　　　　　　　第4図

10　いま裏返ったカードを左手のカードの上で良く揃えて，「エースの裏模様
はこのとおり青です」と言う。この動作では，右手のカードがずれないよう
に注意を払うことが肝要である。

11　この段階ではエースがまだ3枚右手のカードの上にある。そこで，この
エースを左手の親指で引いて裏返すという同じ動作をもう2回繰り返す。

12　ここまで来ると，右手にあるのはスペードのエース1枚になるはずである。
だから，ここでカードがずれていたりしてはぶち壊しなのである。カードが
ずれないための細心の注意が必要だというのは，そのためである。ここで，
右手のカードを一旦左手のカードの上に置く。それから続けて，一番上の
カード（最後のスペードのエース）だけを右手に取り，これまでの3回と同じ

手つきでカードの左側に左手の親指を当て，
カードの右側を右手の中指と親指（もう右手
にカードがないため）で押しあげて最後のエー
スを左手のカードの上に裏返す（第5図）。こ
のような場面で，最後の1枚だけ違うハンド
リングで裏返す人が多いがそれはさけるべき

第5図

である。動作は4回とも同じに見えるべきである。

13　直ちに，間髪を入れず，左手のカードのトップから4枚のカードを1枚ず
つ右手にとってテーブルの上の裏が赤模様のカード12枚の上に乗せる。見て
いると，この裏が青の4枚がエースのように見えるが，実際には上の3枚は
普通のカード（数値が奇数）であり，その下の1枚だけがスペードのエース
となっている。残る一組のカードは側にどけておく。

14　これで，すべての準備が完了した状態である。ここで「それでは，このよ
うに，エースはすべて裏が青であり，他のカードは全部裏が赤であるという
このカードの組み合わせで実演をしてみましょう。」と言う。

15　カードを左手に持ち，トップから右手の方にカードを押し出して1枚ずつ
広げていく。上の裏が青いカードを数えながら，「1，2，3，4枚のエー
スがあります。」と言う。そして，5枚目の裏が赤のカードからあとの方も
広げながら「残りの普通のカードは全部裏が赤です。」と言う（第6図）。

第6図

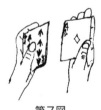

第7図

16　広げたカードを閉じるとき，上から7枚目のカードの下に左手の小指でブ
レークを作る。そして，カードを閉じたら直ちに右手でそれをまとめて取り
あげる。手前端に親指，向こう端に中指がかかっている。直ちに右手を返し，

右手のカード（7枚）の表（エース）が上を向くようにする。同時に左手で左
手の残るカード全体を表向きにひっくり返す（第7図）。そして，左手のカー
ドの上に右手のカードをポンと置いて重ねてしまう。

17　カード全体が表向きになったので再びカードを左手で持って揃え，一番上
の方から1枚ずつ右手に広げていく。4枚
のエースが右手に手渡されたところで，動
作を止め，その4枚をよく揃えて右手で裏
返す。一番上の裏向きの青のカードが見え
る。そして，右手でこの4枚を持ち，それ
を裏向きにテーブルの上に置く（第8図）。
その位置は，テーブルの手前端の近くがよ

第8図

い。4枚はエースであるが，裏が青いのは一番上の1枚だけであり，下の3
枚は裏が赤である。

18　さて，左手には12枚のカードが残っている。そこで，残る表向きのカード
を数えながら再び右手に広げていく。このとき，秘密の動作が一つある。そ
れは，上から4枚目のカードを手前の方向に少し（1～2cm）引いておくと
いうことである。これはインジョグと呼ばれる手法である。他のカードは普
通に広げていいのだが，4枚目だけを手前に引くのが不自然だと思えたら，
5枚目以下のカードは少し引いたり，普通にしたりして，やや不揃い気味に
するのがよい。最後まで，広げて数えると「12」まで，数えることになる。

19　数え終わったらカードを揃え（ジョグは残したまま），カード全体を左右に
裏返す。すると，一番上のカードの赤い裏が見える。下から4枚目のカード
は手前に少し突き出している状態のままである（第9図）。ここで，右手の親
指でこのカードを少し上向きにめくり加減にして，他のカードと揃える。そ
して，カード12枚全体を右手に持つのだが，右親指の腹が下から3枚目と4
枚目の間にやや挟まっているようにして，この割れ目を保持する。カードの
向こう端には中指が当たっている（第10図）。

第9図

第10図

20　このようにカードを右手に持ちながら，その手をテーブルの上の4枚の
エースの上に持ってきて，右手の中指で4
枚のエースを手前に引く。このときは，
テーブルのカードは右手のカードより左方
向に2cmくらいずれているのがよい。左手
をテーブルの端の手前下に持ってきて，こ
の4枚のエースを受け取る（第11図）。

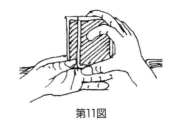

第11図

21　ここで，左手で4枚のエースを右に押し
ながら，それが右手のカードと揃う位置まで持ってくるが，左手の小指を，
先ほど作った割れ目に入れて，4枚と見せかけて7枚をひとまとめに左手に
とり，それを直ちに右手のカードの上に乗せて揃える。

22　観客は裏が青の4枚のエースを一番上に持ってきたと思う。実際には，確
かに，裏が青のカード4枚が一番上に来たのだが，本当は青いカードのエー
スは4枚のうちの1枚だけなのである。

23　ここで，左手のカードの上から4枚の
カードを1枚ずつ右手にとり，テーブルの
上に左から右に一文字に並べる。この4枚
は裏が青だが，エースは一番右の1枚だけ
である（第12図）。

エース以外　　エース

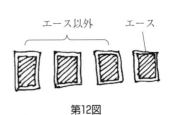

第12図

24　次に，左手のカードの上から1枚づつ3
枚のカードを取り，それを一番右のエースの上に乗せ，「エースの上にエー
ス以外のカードを3枚乗せます。」と言う。このとき，上の3枚は裏が赤で

あるが，実はみなエースなのである。

25　このあと，残る3枚の裏青のカードの上に同じ動作で裏赤の普通のカード3枚を乗せていく。

26　こうして，一番下は裏が青，上の3枚は裏が赤というカードの山が四つできあがる。そこで，一番右の山を取り上げ，そのままよく揃えて表返し，元の位置に戻す。観客からは一番表にスペードのエースだけが見えることになる。

27　ここからの動作がこの芸の生命線である。使用する技法はエルムズリーカウントである。一番左の山の一番上の裏が赤のカードを右手にとり，これをその山の一番下に差し込んでこれをへらのように用いて4枚のカードを取りあげる。この4枚を左手に持つ。ここで，カードにおまじないをかける。筆者はそのおまじないの目的に手製のミニマジックウォンドを用いている。

　　ここから，左手の4枚をエルムズリーカウントで4枚のカードに数える。技法のお陰で3枚目にあった裏青のカードは出て来ない。カード全体をそのまま表向きにして，表から1枚づつカードを右手にとってテーブルの上に左から右に一列にならべる。位置は，残る三つの山の向こう側である。この4枚のカードはすべてエースではないカードである。観客は一瞬でエースが消失したような印象を受ける。演者は一番左だけが数値が奇数のカードで，あとは数値が偶数のカードであることが確認できる。

28　これと同じ動作をもう一度繰り返し，4枚のカードを表向きに先程のカードの上に配っていく。やはり，一番左の数値が奇数のカード，ほかは数値が偶数のカードである。

29　最後に三つ目の山を取りあげ，おまじないをかけずに，直ちに「1枚，2枚，3枚」と数えると，3枚目に裏が青のカードが見える。ここで，ちょっと戸惑った表情を見せ，カードを元に戻して「アッ，おまじないを掛けるのを忘れました。」と言い，あらためておまじないをかけてから，先程と同じエルムズリーカウントで4枚を数える。

30　最後に，テーブルの上に表向きの3枚づつのカードの山が四つできるが，

一番右を右手で取り，左手に手渡す。これを一旦広げて見せてからそれを閉じる。

31　次の山を右手で取り，左手のカードの上に乗せ広げて見せる。次に右手で第三の山を取り，左手のカードの上に乗せて広げて見せる。

32　最後に残った山を右手で取り，左手のカードの上にして，広げて見せる。そして，それを閉じてカードを揃えるときに，その3枚の下に左手小指のブレークを作っておく。

33　右手の食指でテーブルの上の表向きのエースの山を広げるとスペードのエースの下の3枚もエースである。これで，エースが一か所に集まったことになるわけである。

34　奇術の現象はこれで終わりであるが，あと片づけが大切である。まず，右手でスペードのエースを取り，左手のカードの上に乗せる。次に，残る3枚のエースを右手で1枚ずつとって，左手のカードの上に乗せていく。

35　乗せ終わったら，直ちに，ブレークの上のカード7枚を揃えてそれを右手にとりそのままこれを裏返す。同時に，左手で左手のカード全体を裏向きにする。そして，その上の右手のカードをポンと置く。この動作は16の動作と同じである。

36　左手の裏向きのカードの上4枚を広げて右手で取り，それをよく揃えてちょっと一番下のカードの表を観客の方に示し，それをどけておいた裏が青の一組のカードの上にポンと乗せて，カードを一度カットする。

37　次に，残るカードを扇状に広げながら「1，2，3…12」と数える。ただし，最初の4枚は良く揃えておく，残りは適当に扇状になるのがよい。扇状のカード全体を右手に一旦持って，その表を観客の方に向けて示す。これを裏向きにして揃え，どけておいた裏が赤の一組のカードの上にポンと乗せて，カードを一度カットする。これで，演技全部の終了である。

3　ダイ・バーノン（1894－1992）

バーノン，筆者　於いてLAマジックキャッスル　1964年

　奇術の愛好家に「世界で一番の奇術家は誰と思うか？」と問うと，ほとんどの人が「ダイ・バーノン」と応える。バーノンは20世紀に世界中のマジシャンに敬愛された奇術家であった。筆者は天海師の紹介状を持ってロスのマジックキャッスルで1964年に初めてこの偉人にお会いした。そのとき何に感激したかというと，奇術の技ではなく，バーノンの人と接するときの温かい心遣いであった。帰国してこのことを奇術誌に報告したところ読んだ方から大げさではないか！と言われたことがある。しかし，この感想は正直な気持ちを表している。1969年にバーノンがテンヨーの招きで初来日したとき，多くのファンがこのことを確かめたと思う。筆者は初対面で「どうしてあなたはそれほどの奇術家になられたのですか？」とぶしつけに尋ねた。その応えはたいへん謙虚なものであり「奇術が人一倍好きだったので，歳を取るまでに多くの優れたマジシャンと接して多くを学び，身に着けたこと」と応えた。それと当人の奇術に対する感受性が他人と違うという印象がある。バーノンの教えで一番大切なものは「Be Natural」であると思われる。

<Dai Vernon>

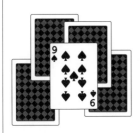

ポケットに通う カード

(Card to the Pocket)

解 説　Stars of Magicのシリーズの中にFrancis Carlyle（1912-1975）のHoming Cardと題する作品が収められている。筆者の恩師高木重朗師（1931-1991）はいち早くこのカーライルの解説を読んだが，その良さに気づかず，大した奇術ではないと思ったという。その後名士Victor Sendax（1931-2019）が来日してこれを実演するのを観て，その良さに気付いたと告白された。筆者もこの奇術は読むよりも実演するとその良さが実感されると感じている。なお，「ポケットに通うカード」としてはWilliam H. McCaffrey（1899-1988）の作品がGreater Magic（1938）に解説されているが，Carlyleはこの作品を参考にHoming Cardを構成したものと思われる。以下に説明する筆者の方法では，優れた種を使用する。そして，あとはPalm以外にこれという技法は用いない分かりやすい手順である。むしろ大切なのは実演の際の術者の芝居心なのである。

現 象　観客が全く自由に選んだカードを当てるという難しい芸を演じ，更にそれを空中飛行させてご覧に入れると宣言する。同じカードのduplicate（代役）を使わないことを証明する目的で選んだカードには観客自身の手でサインをもらう。その状況で，選んだカードが不思議なことに術者のポケットに飛行する。そしてその現象を繰りかえす。

用 具	1　使うのは普通のカード一組である。裏模様は赤が好ましい。
	2　なお，同じ裏模様のダブルバックカードを1枚使うのが賢

明である。ダブルバックカードは市販もされているが，この
手順では観客がそのカードに触る場面がないので，適当なカードの表同士を
ボンドなどで貼り付けただけの手製のダブルバックカードで十分である。

3　ホワイトボードマーカー（赤）を用意する。

4　喫茶店などで配布している広告マッチを準備する。

5　この奇術に最適な種を自作する。それは通常用いられる技法に代わる巧妙
な種である。通常，ズボンのポケットはズボンの生地とは別の内袋を作って
そこに縫い付けた構造になっているので，内袋を手で無理に引き出すことが
できる。そこでポケットにカードを隠したままでこの内袋を引き出すという
方法が考案された。それをInner Pocket Concealmentと呼ぶ（写真1，写真
2）。しかし，この手法には油断するとカードがはみ出してきて露見してし
まうという危険があり，万一そうなったら奇術は台無しである。そこで筆者
が考えたのが，ズボンのポケットの内袋に見えるものを手作りしてそれをズ
ボンの内ポケットの一番上の奥の位置に縫いつけておくというアイディアで
ある（写真3）。この種を奥に押し込んで止めておき，検めのときそれを引き
出してきて堂々とみせれば，ポケットのカードが出て来るリスクはなくなる。

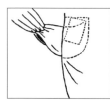

写真1
McCaffreyの解説

写真2
Carlyleの写真

写真3
筆者の種

準　備

1　ポケットの種はポケット上部の奥に押し込んでおき，ポケットの底にマッチを入れておく。

2　ダブルバックカードをお尻の右ポケットに入れておく。ダブルバックを用いる理由は，その向きを間違える心配がないからである。

方　法

1　この奇術はテーブルに座って演ずるには適さない。そのような状況で演ずるのであれば違うハンドリングを開発する必要がある。ここでは小舞台（観客が10〜50名くらい）で術者が立って演技する前提で考える。

2　観客席から1人の男性を選び，舞台まで来ていただき，術者の右側に椅子を用意してそれに座ってもらう。ここからの演技はこの観客に見せつつ，同時に全観客に鑑賞していただく前提で行う。

3　カードケースを取り出し，観客に手渡す。そして話を始める。「よくマジシャンはカードを広げて，カード1枚選ばせて『カード当て』を演じますが，そのとき何か怪しい動作をする可能性があります。そこで，今日は私がカードに触れず，お客様自身でカードお取り扱いしていただくようにします。では，ケースからカードを取り出して，よく切り混ぜてください。そうしたらカードの表をご覧になり，お好きなカードを選んでください。こうすれば私はそのカードを知る方法がありません。」

4　さらに続けて言う。「ところで，カードを飛行させる芸を演じますと，お客様の中には同じカードを2枚用意しているのだろうとお疑いの方があられます。そういう疑いがかからないように，今日はお選びのカードにサインをしていただきます。」そう言って，ホワイトボードマーカーを手渡し，選んだカードの表にサインかイニシャルを書き込んでもらう。その間術者は後ろを向いていなければならない。

5　「それでは，そのカードを一組の中に戻して，よく切り混ぜてそれをカードケースに仕舞っていただきます。これで私はお客様がお選びのカードの名前を知ることも，その位置を知ることもできないことがお分かりと思いま

す。」という。

6　以上が終わったら術者は前を向き，カードケースを受取り，左手に持つ。

7　「それではこれから私のこのポケットを使います。」と言い，右手でズボンの右ポケットに上をポンポンと叩く。そして「ポケットを空にする必要がありますので，恐縮ですが，このポケットに手を入れて，そこに何かがあれば取り出してください。」とお願いする。観客は術者の右ズボンポケットに手を入れて，そこにあるマッチを取り出す。

8　このとき，観客がポケットに手を入れやすいように，術者は右手で上着の右側をたくしあげる。そして，その手が邪魔にならないようにそれをお尻の方に回すが，その手をそっとお尻の右ポケットに入れてそこにあるダブルバックカードをそっとパームする。

9　そして観客がマッチを取り出したら，「それは広告マッチですので，お土産にお持ちください。」と言い，直ちに右手をズボンのポケットに入れ，その底にパームしていたカードを残し，同じ手で種の中袋を引き出してきてそれを全員に見えるようにしておいて，「このとおり，このポケットは空になりました。」と言う（第1図）。

第1図

10　次に「それではまずお選びのカードを当てる芸をご覧に入れましょう。」と言う。

11　カードケースからカードを再び取り出して，ケースを上着のポケットに仕舞い，持っている一組のカードの表を観客の方に向けて少し広げてから「お選びのカードは赤でしたね。」という。これに対して観客「そうだ！」と応じたら，「カードの色は私の魔法の力でわかるのです。」とうそぶく。一方，観客が「違う！」と言ったらどうするか。そのときは，「ああ，私の申し上げたのはカードの裏模様の話です。そうそう，お選びのカードの表は黒でしたね。」と応ずる。この部分はギャグである。

12　ここで術者はカードの表を術者の方を向けて，両手でそれを広げていく。するとサインをしたカードが見つかるだろう。そうしたら，一組のカードを左手で裏向きに持ち，右手に観客のカードを持ち，その表を観客によく見せて「これがお選びのカードですね。いかがですか，見事に当たりましたね。」と言う。観客は「これならサインがあるから誰でもできるわけだ！」と大笑いするだろう。

13　さて，このとき右手は拇指と食指，中指で普通にカードを持っているが，薬指をカードの手前側に回し，その指と中指でカードの右角を挟んで外向きにグイと曲げてしまう。このカードを曲げる手法をクリンプと呼ぶ（第2図）。そうしたら，そのカードを左手の一組の真ん中辺りに差し込むが，直ちにカードをよく揃えて観客に手渡し，「ではこのカードをよく切りませてください。」という。

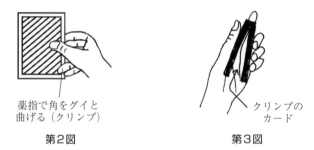

薬指で角をグイと
曲げる（クリンプ）
第2図

クリンプの
カード
第3図

14　観客がカードを切り混ぜ終わったら，もたもたしないで，その一組のカードを受取り，左手に持つが，持つ手を緩めてカードの側面を見るとクリンプしたカードはその位置がすぐわかる（第3図）ので，そのカードが一番上に来るように一組を無雑作にカットする。

15　次に，右手で一組のボトムカードを取り，「ではカードの飛行をご覧にいれましょう」と言い，カード投げの要領でそれを斜め左前方に投げる。カード投げはカードの左上隅を食指，中指で挟み，手首のスナップを使って放るのがコツである（第4図）。上手に投げると遠くまでヘリコプターのように飛行するが，さらに巧妙に斜め上方向に投ずるとブンメランのように回転しつ

つ帰って来るようにすることもできる。しかし，ここではその技が問題では
ないので，一旦投げたカードは拾って後で返して貰うので問題ない。「いま，
カードが飛行するところをご覧いただきましたが，今日はこういうカードが
見える飛行方法ではなく，ステルス戦闘機のように目に見えにくい飛行をお
目にかけたいと思います。」という。

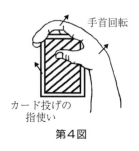

手首回転

カード投げの
指使い

第4図

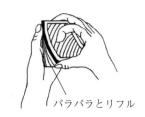

パラパラとリフル

第5図

16　「それでは，お客様のカードを飛行させます。よくご覧ください。」といい，
　　「アブラ，カタブラ」とおまじないを掛けつつ，その言葉に合わせて，一組
　　のカードの左下隅を下から上にバラバラと2回リフルする（第5図）。リフル
　　が終わったら一組のトップカードを向こう方向に1cmほど押し出しておくこ
　　とが大切である。

17　右手が空であることをよく見せて，その手
　　でズボン右ポケットの上をポンポンとたたき，
　　その手をポケットに入れてそこにあるカード
　　を引っ張り出して半分が見えるようにする。
　　見えるのはダブルバックの裏である（第6図）。

第6図

18　そうしたら，一旦右手のカードをポケット
　　に押し戻し，右手を左手の一組のカードの上
　　に添える。そして，右手の指先でカードの向こう端を下に押してやると，梃
　　子の原理でトップカードが右手の中に自然に飛び込んで来る（第7図）。これ
　　を右手に隠し持ち，その右手の食指を曲げて指先がトップカードの上に乗る
　　ようにする（第8図）。これがカードをパームしている右手が空に見えるため

の秘法である。

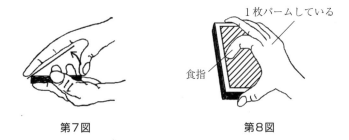

第7図　　　　　　　　　　第8図

19　こうするとカードを右手だけで保持することができ，左手が自由になるの
　　で，その手をジェスチャーに使いながら，「カードが目に見えないのにポ
　　ケットに飛行しました。不思議ですね。」と言う。

20　ここで，右手で一組のカードを無雑作に左手に向かって放るようにして手
　　渡し，それを左手で受け取る。間髪を入れず，カードをパームしている右手
　　をポケットに入れて，そのカードを指先に持ち，ポケットから裏向きで出し
　　て来る。

21　そして，右手の指先でそのカード
　　をクルリと返して，表が観客に見え
　　るようにする（第9図）。「お選びの
　　カードは確かにこれですね。印がつ
　　いています。」と言う。

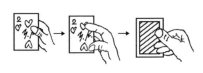

第9図

22　「なぜ一組の真ん中あたりにあったはずのこのカードがこのポケットに来
　　たのでしょうか。」と言いつつ，「このカード…」でカードの裏面を示し，
　　「このポケット…」というときカードを持った右手をポケットに入れて，そ
　　こで2枚のカードを密かに入れ替えて，すぐにその手をポケットから出して
　　来る。手には裏向きのカードが見える。

23　ここで手にしているカードでポケットの位置をポンポンと叩きながら，
　　「お客様はカードがこのポケットに飛行するところを見落とされたようです
　　ね。では，アンコールにもう一度だけやってごらんに入れましょう。ただし，

今度はお客様自身におまじないを掛けていただくことにいたしましょう。」
と言い，右手のカードを，左手の一組の真ん中に半分ほど差し込む。そうし
たら，最後に観客の手で半分突き出しているカードを完全に一組の揃うよう
に押し込んでもらう。このときの注意事項は，カードの表面（それも裏模様
である）が観客の見られないように配慮することである。

24　ここまで来たら一組のカードを観客に持たせて，術者がやったようにカー
ドを2回リフルしながら「アブラ，カタブラ。」と唱えて貰う。

25　そこで一組のカードを受取って，上着のポケットにしまう。

26　そこで術者は両手が空であることをよく見
せて，右手でズボンのポケットをポンポンと
叩き，今度はズボンの外から右手で中のカー
ドを掴んでみる。するとズボンを通して，
カードの存在が見える（第10図）。

第10図

27　観客に向かい，「では，お客様の手でポ
ケットからカードを取り出してください。」
とお願いする。

28　観客は自分の手でカードを取り出す。そうしたら「みなさまにカードをよ
くご覧に入れてください。」と言う。

29　「そのカードには印があるので，記念にお持ち帰りください。」という。
カードが1枚減るが，それを持ちかえった観客は，機会があるごとにこの
カードを他人に見せてこの体験を語るので，演者にとってはいい宣伝になる
であろう。

30　「ご協力のお礼に，マッチとカードだけでは申しわけありませんから，お
みやげをもう一つ用意しました。」と言い，何かを用意して手渡すのも感じ
がいい。こういう時のおみやげは価値のあるものは好ましくなく，見ると思
わず微笑んでしまうようなものがよい。筆者は不二家のペコちゃんなどをよ
く用いている。すると，ほのぼのしたエンデイングになる。

　この奇術の手順では，普通は「禁物」とされている同じ現象を２回繰り返すことによって全体の効果を倍化させている。したがって，この手順で内容は十分と考えるが，近年，さらに追加的クライマックスで度肝を抜く演技をしているマジシャンもいるので，その目的のための手法を追記しておこう。この場合には，本論28項まで進行したら以下のように演技を続ける。

①　左手に一組を持ち，右手で観客のカードを受取り，それを一組の真ん中辺りに差し込み，そのカードの真上にブレークを作る。そこからダブルアンダーカットなどの手法で観客のカードがトップにコントロールされるようにする。

②　一組を両手で持つ。このとき右手の拇指をトップカードの左下に当て，食指をカードの上面にあてがい，中指，薬指，小指でカードの向こう端を覆うようにしてトップカード１枚を保持する。このとき一組は左手で持たれているが，その拇指をカードの左側にあてがったまま，中指で一組の２枚目以下全部を密かに45度近く時計方向に回転させてしまい，その全体を左手にパームするようにする（第11図a，第11図b）。

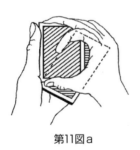
第11図a

右手を
取り除いた姿

第11図b

③　ここから，一組をパームした左手を時計方向にやや回転させつつ，右手はトップの１枚をあたかも一組全体のように保持したままでその上面を観客の方に向けつつ，左手をズボンの左ポケットに入れて，そこに一旦カード全部を置き，１枚だけ手に取ってポケットから出して来る。そして，持っているカードの表を観客に示すがそれは観客のカードではない。

④　そこで首を傾げてみせ，左手のカードを除外し，空の左手をポケットに入
　　れて次のカードを指先に持ち，ポケットから出してくる。そしてその表を見
　　せるが，それも観客のカードではない。ますます不満な表情をみせる。

⑤　次々にカードをポケットから取り出すが所定のカードではないという演技
　　を４〜５回繰り返し，その都度，がっかりして不満な表情をする。

⑥　そうしたら，最後に左手でポケットのカード全部を持ってポケットから手
　　を出して来てそれを扇状に広げる。

⑦　そして，右手のカードを弾いて見せる（第12図a，第12図b）。

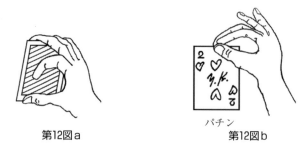

第12図a　　　　　　　　　　第12図b

　　さらに，右手で手にしているカードの表を観客の方に向けてそれを示す
（第13図）。観客は意外な結末に驚くであろ
う。

⑧　最後に観客にお土産を手渡して演技を終
　　える。

第13図

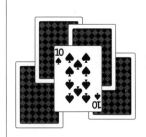

赤 と 黒
(Out of That World)

　　最後の奇術としてPaul Curry（1917-1986）の赤と黒（Out of This World）のプロットを取りあげる。これはダイ・バーノンが二十世紀唯一の新作カード奇術であると激賞した傑作である。ただし，欲を言えば二つ欠点がある。それは，現象は素晴らしいがその現象が起こるまでの手続きの時間があまりに長く冗長であることと，それから，観客の目からみて，なぜか理由なく，前半と後半とに手順が分けられていることの二点である。とりわけ，この後者の欠点は，この奇術の原理から考えると避けられないもののように思われてきたが，筆者は永年この点を解決する方法を研究して，幾つかの解決策を提案してきた。この企画が成功すると，Out of This Worldの第二の欠点を除去すると同時に第一の欠点をも軽減することができる。ここに説明する手順は，ほぼ最終案といえる満足すべき奇術に仕上がっている。もしもカーリーが生きていたら，「俺の手順をいじるな！」とは言わず，「俺もできることならそういう風に演じたかったのだ！」と言うのではないかと思うのである。

　なお，Out of This Worldの原作はもともとカード一組に用意周到な準備をして演ずるように構成されていた。その内容は力書房発行ホーカスポーカスシリーズⅨ高木重朗訳「クィーンの夜会」の付章として紹介されている。しかし，その後，セットのないカードで演ずる改案が開発されており，それを好んで演

ずる奇術家も多い。今回の筆者自慢の改案は上記に述べた意味合いで画期的な
ものであると思うが，原案同様セットが必要である。しかし，セットがあるか
ないかは，演ずる側にとってはその便利さに違いがあるが，観客が見たところ
はそれほど変わりがない。見た目の現象が改善されるのなら，セットは問題で
ないというのが筆者の考え方である。

用　具　　カード一組を用いる。なお，同じバックの他の一組からス
ペードの7を借りて利用する。

準　備　　用意周到な準備が必要である。カードのトップから次の順に
カードを並べておくのである。赤のカード18枚，ジョーカー，
黒黒赤，黒黒赤，黒黒赤，エキストラジョーカー，黒赤，黒黒
赤，黒黒赤，黒黒赤，スペードの7，黒，1枚の黒を反対向きにしておく。黒
9枚（クラブの7はこの中に入れておく），反対向きの種のスペードの7，もう1
枚普通の黒，そして最後がハートの7である。これをカードケースに入れてお
く。

方　法　　1　カードケースからカードを取り出して裏向きに左手に持ち，
何気なく，右手の拇指で手前のエンドをリフルし，トップか
ら10枚くらいの位置に密かに左手小指のブレークを作る。

2　次に，トップを左手の中指で押さえて，そ
の他のブレークの上のカード約10枚を右手で
手前に引き出して，無造作にヒンズーシャフ
ルでカードを切り混ぜる（第1図）。これに
よってトップの約10枚が切りまぜられたこと
になるが，そこはもとより赤カードばかりで
あり，18枚セットは狂わない。

第1図

3　トップから10枚程度無造作に広げ，「当たり前のことですが，カードというのは，裏模様は全部同じ色です。」と言う。

4　カードを一旦揃え，今度はカードを表向きにして両手の間に無造作に広げてみせる。ただし，広げるのは，真ん中付近の個所であり，トップの18枚のところや，ボトムの12枚は広げないように注意する。真ん中にはジョーカーがあるからそれが目安となる。そして，「一方，カードの表はいろいろであり，原則として赤のカードと黒のカードとがあります。ただ，赤でも黒でもないカードとしてジョーカーというものがあるので，それを取り除くことにいたしましょう。」と言いながら，まず，エクストラジョーカーを見つけ，そのカードが右手のパケットの一番下になるように，カードを二分する。そして，右

第2図

手の中指でそのカードを左に押し出してテーブルの上に置く（第2図）。

5　次に，さらに下の方を広げて，もう1枚のジョーカーを見つける。このとき，ジョーカーの下は実は全部赤のカードなのであまり広げてはいけない。ジョーカーがやはり右手のパケットの一番下になるようにカードを二分する。そして，右手の中指でそのカードを左に押し出してテーブルの上に置く。

6　2枚のジョーカーを出し終わったら，右手のカードを左手のカードの上に重ねるようにカードを揃えるのであるが，右手のパケットを左手のパケットより2cmくらい向こう側にずらせておく（ステップ）（第3図）。

第3図

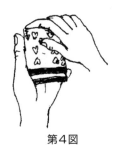

第4図

7　右手の四指をカードの向うエンドに当てて，拇指をカードの表に当てて，カード全体を保持し，その一組を縦方向にひっくり返す（第4図）。すると，カードの上18枚が向うに2cmずれた状態（ステップ）になるから，それを完全に揃えつつ，その分れ目の位置に左手小指のブレークを作る。ブレークから上のカード18枚は全部赤のカードである。

8　この状態でカードの左側に左手の拇指，右側に中指，薬指，小指を当てて，カードをしっかりつかむ。食指はカードの底に当たっている。そして，右手の拇指を手前，中指を向こう側というカードの持ち方の見本を作りながら，観客に対して，「このカードはジョーカーを取り除いたので，52枚あると思いますが，そうですね，こうやって，上からだいたい三分の一くらいを，持ち上げてみてください。」とお願いする（第5図）。だいたい上から三分の一のところにブレークがあるため，普通，観客はブレークの位置から，カードを持ち上げることになるであろう。この際，観客がカードの両端に指をかけてカードを持とうとした瞬間に，術者の左手を下げるとよい。この

第5図

ようにすると，観客に「術者は観客がカードを取り終わったと思っているようだから，そこでいいことにしよう。」という善意の心理が働き，このカードの取らせ方が上手くいく確率が高まる。しかし，仮にそうならなくても，心配はいらない。

9　カードが若干少な目なときはそのまま演技を続けて全く差し支えない。ただし，あまりに取ったカードが少な過ぎる場合には，「ちょっと三分の一に足りないようです。」と言いながら，ブレークの上のカードを1枚ずつ右手に取って，観客の取ったカードの上に乗せてカードの枚数を増やすことにする。観客が持ち上げたカードは観客の前に裏向きに置いてもらう。

10　逆にカードが多めに取られた場合は，一つ工夫が必要である。その場合は，残りのカードを一旦テーブルの上に置き，観客が持ち上げたカードを受け

取って，表を術者の方に向けて広げ，その表の方にある余分のカード（黒の
カード）を右手に取り，それを一組のカードの上にポンと乗せて，「ちょっ
と三分の一より多かったようです。」と言う。術者はカードを裏向きにテー
ブルの上に置く。

11 ここで，観客のカードをよく切り混ぜてもらう。

12 次に，「数字が同じ黒と赤のカードを1枚ずつ使いたいと思います。」と言
いながら，カードを取りあげて，再び，表向きにする。このとき，ボトムの
ハートの7に注目し，「ここにたまたま赤の7がありますから，それに相当
する黒の7のカードを探しましょう。」と言いつつ，カードを広げていく。
ただし，カードは裏側（トップ側）から広げるようにして，スペードの7が
でてきたら開くのを止める（第6図）。それ以上広げると種が露見するからで
ある。

13 ここで，スペードの7のところでカードを左右に分けて，左手の一番上は
スペードの7，右手の一番上はハートの7になるようにする。

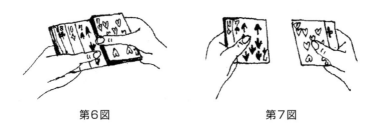

第6図　　　　　　　　　第7図

14 そして，その各々の一番上のカードを拇指で押し出してテーブルの上の観
客の前に並ぶように置く（第7図）。

15 ここで，左右の手のカードを重ねる動作をするが，実際には右手のカード
の上に左手のカードを少し向うにずらして重ねるのである（ステップ）。

16 ここで，次のように話しかける。「中国語でハートを紅桃と書き，ホンタ
オ（_-_-）と発音します。そして，スペードは中国では黒桃と書き，ヘ
イタオ（--_-）と発音します。この2枚はたまたまホンタオとヘイタオ
ですね。」と言う。

17　「それでは，お手元のカードの山の上から，1枚ずつカードを取りあげ，適当にこのハートの7かスペードの7の上に重ねていってください。ただし，各々のカードはどちらに置いてもかまいませんが，だいたい右と左が同じくらいの枚数になるようにしてください。」と言う。

18　観客が仕事始めたら，術者はカードの向こう側に右手の四指を当て，カードの上に拇指を乗せてカードを縦方向に180度回転させる。カードは裏向きになるが，ステップは保たれたままである。ここで，上半分のカードの底札に左食指を当てて，それより上のカード全体を向こう方向に押し出すと，上半分の底札が少し手前にずれた状態になる（第8図）。

第8図

19　そこで，それ以上のカードを右手で少し持ちあげて，カード全体を揃えながら，その位置に左小指のブレークを作る。つまり，ブレークの位置が，ステップの位置より1枚上に変わることになる。

20　観客の作業が終わったら，術者は右手でテーブルの上の二山のカードを整える。どう整えるかというと，ボトムの表向きのカードのスペードの7とハートの7が見えるようにして，その上の裏向きのカードはそれより向う側にカードの長さの1／3程度ずれている状態にする。これは次に行う動作のために大切な点なのである（第9図）。

第9図

21　ここで一組のカードを左手で保持したまま，右手でスペードの7とその上にあるカードを一山として取り上げる。このときの指の位置は拇指がカードの上側，他の4本指は右側からカードの裏に回してカードを挟み持つようにする（第10図）。

第10図

第11図

22 そして，右手のカードを一旦左手のカードの上に乗せる。ただし，スペードの7が，以下のカードよりカードの長さの半分くらい向うにずれているようにする。従って表向きのスペードの7より上のカードはそれよりさらに向うにずれている（第11図）。

23 ここで，間髪を入れず何げなく「スペードの7の上にだいたい何枚くらいのカードが置かれたと思われますか？」と観客の顔をのぞきこむようにして質問する。その答えは，実はさほど重要ではないが，質問に気をとられるため観客の注意が散漫になる瞬間をとらえて，まず，右手の4本指で，スペードの7の上のカードを手前方向に引き，スペードの7と揃えてしまい。同じ流れでさらに同じ指でスペードの7の上のカード全部を下のカードと揃えてしまう。ここまで来たら，今度は右手の拇指でブレークから上のカード全体を向うに押し出し，他の4本の指をその向う端にあててカードを掴む（第12図）。そし

第12図

て，その右手でそのブレークの上のカード全体を縦方向にひっくり返してブレークの下のカードの上にポンと置いて揃える。

24 そこで，直ちに一番上のカード（裏向きのスペードの7）を左拇指で右に押し出して，それを右手で取り表向きにしてテーブルの上に置く。

25 次のカードを見せて，スペードの上に乗せ，「ヘイタオの上に乗った最初のカードは黒のカードでした。」と言う。

26 次に，左手の拇指で次のカードを取り，「２枚目も黒です。」と言う。以下，カードを１枚づつ右に押し出しては右手に取り，テーブルの上に一列に並べていく。並べるカードは全部黒のカードになるので，「おやおや，ヘイタオの上のカードは全部黒のカードのようです。」と言う。ここで，どこまでカードを取るかというと，裏向きのカードが出てくるまでである。それは取りもなおさず黒のカードを９枚広げて取るということである。そして，裏向きのカードが出てきたらそこで止める。このとき，その先のカードは表向きであるから，それがチラリと見えたりしないように細心の注意を払う必要がある。

27 「不思議ですね。お客様が『ヘイタオ』の上に乗せたカードは全部黒でした。」と言う。

28 今度はテーブルの上のハートの７とその上のカード全部を右手に取る。以下の動作はスペードの７で行ったのと同じように見えなければならない。実際に違うのは今度は技法が不必要であるという点である。右手のカードを一旦左手のカードの上にやはりハートの７が向うにずれるように乗せる（第13図）。そして，今度は右手の拇指でハートの７を向う方向に押し出して，それ以上のカードと揃えるようにして，その部分を右手で取り，先程と同じ動作で縦方向にひっくり返し，それを以下のカードの上に乗せる。ただし，先程はカードを完全に揃えてしまったのであったが，今回は，ひっくり返したカードの部分をカードの長さの１／３くらい向うにずれた位置に置く（第14図）。

第13図

第14図

29　そして，一番上のカード（裏向きのハードの7）を表返してテーブルに置く。

30　さらに，左手の拇指で次からの表向きのカードを右に押し出して，カードを1枚づつ右手に取り，それをハートの7の上に位置をずらせて一列に並べていく。並べたカードは全部赤である。ここで，「不思議ですね。こちらの『ホンタオ』の上のカードは全部赤のカードでした。」と説明する。

31　以上で奇術の現象は終りであるが，このあとは事後処理である。一組のカードを表向きに返して，上の方の15枚くらいの部分を何気なく広げてみせる。赤と黒が混ざっているのが見える。「このように赤と黒とはバラバラですが，お客様がカードをお取りになり，でたらめにテーブルの上に置いていかれたのでしたね。でも，どうして，それが見事に赤と黒に分離してしまったのでしょうか。不思議なことがあるものですねえ。」と言いながら，カードを全部回収して重ね，カードケースに仕舞って演技を終了する。

後　記　　上記の23項，28項でカードを縦方向にひっくり返すという動作を提案したのは二川悠介氏である。筆者は当初，この場面でカードを左右に返すようにしていたが，指摘されてみると縦方向に返す方が，種の動作が露見しにくくなり，具合がよいことが分かる。細かいことのようだが，そのような細やかな配慮の積み重ねが一つの奇術をだんだん完全な作品に引き上げていくことに注目いただきたい。

思い出のカード奇術の名手10人

4 トニー・スライディーニ (1901－1991)

筆者，スライディーニ 於いてニューヨーク 1964年

　スライディーニは私が観たマジシャンの中で，最も巧妙な演技をする奇術家であった。1964年に初めてお会いする前に，本人の著書で氏の奇術の手法を学んでいたが，ゲストに筆者を招き，実演するに際して「あなたは僕の本を読んだか？読んだとしても，やっぱり騙されると思うよ。」と前置きして演技を始めたが，確かに「あれ，タバコが消えた！あれコインが手から手に移った！」という印象なのであった。ノウハウを知っている奇術に騙されるのである。実演をリアルタイムで観ると印象が全然違うということがわかった。確かにマジックは生が一番である。解説文やあるいはビデオでも，不思議さが十分に伝わらないのである。筆者の知人が「スライディーニはビデオでも騙される。これは特異な経験である。」と語った。そのとおりであるが，やはり生がよい。スライディーニのヘリコプターカードなどは生なら不思議に見えるが，ビデオではその良さが伝わらない。スライディーニ特有の，観客の顔を覗き込んで語りかけるミスディレクションは観客のよそ見を許さない雰囲気を作るが映像ではそれは無理である。それでもラテン系特有の大きなジェスチャーに騙されることがある。しかし，我々アジア人にはこの動作は不向きである。

＜ Tony Slydini ＞

技法編

ブレーク
(Break)

　一組のカードを左手に持ち，その特定の位置に観客に気づかれないように
カードの分れ目を確保する手法をブレークと呼ぶ。

安易な小指のブレーク
(Easy Little-Finger Break)

　左手に一組のカードを持ち，右手でその下半分を手前に引き抜いてヒンズー
シャフルをしようとする場面を考えよう。

　このとき左手の残るカードのトップの上に左手の小指を挟むようにして，そ
の指の上に右手に引き抜いたカードを切っていくとする（第1図）。右手のカー
ドがなくなるとシャフルは終わりであるが，すると左手に揃った一組のカード
の中ほどに小指が挟まっていて，その真下のカードが最初のトップカードであ
ることがわかるだろう（第2図）。これがブレークの基本的な使い方である。こ
の場合，左小指のかなりの部分がカードに挟まるようになるが，右手がカード
をシャフルし続け，それが終わると右手がカードの上からカバーする姿勢にな
るので，この場面では，それで差しつかえない。

ヒンズーシャフル

第1図

安易な
ブレーク

第2図

② 望ましい小指のブレーク
(Standard Little-Finger Break)

　上記方法の場合，小指のかなりの部分がカードに挟まるが，そのままの状態を保ち続ける場合には，小指の位置を調整し，最終的にカードに挟まるのは左小指の指先の肉の一部だけにするのが望ましい（第3図）。これが標準的な小指のブレークの方法である。この場合，挟まっている肉がわずかなので，観客の目からはブレークの存在が見えず，手前側のV字状のカードの分れ目が小さく，カードの向こう端は完全に揃った状態にすることができる（第4図）。

標準的ブレーク

第3図

向こうはそろえる

手前はV字型にひらく

第4図

　仮に一組のカードをテーブルの上で左（A）と右（B）とに分けたと仮定しよう。そして，Aの上にBを乗せて一組のカードを揃えるが，Bの位置が分かるようにBの真上にブレークを保ちたいと考えたとする。その場合は，右手でまずBを取りあげて左手に置き，然る後に右手でAを取りあげてBの上に重ねる動作を実行し，そのタイミングでこの正しい小指のブレークを作ることはオーソ

ドックスな作戦である。

3　拇指ベースのブレーク（Thumb Base Break）

　以上に述べた左小指のブレークは最もよく使
われる方法であるが，その変形で，左手の拇指
の根元の肉を少し挟むという方法もある。これ
も場合によって誠に有用なブレークの方法とし
て用いられる（第5図）。

拇指ベースの
ブレーク
第5図

4　ジ　ョ　グ（Jog）

　ブレークと同じ役割を果たす手法としてジョグと呼ばれる方法がある。それ
はカードの特定の位置に分れ目を保つかわりに，必要な位置のところのカード
を少し一方向にずらせておくというものである。ジョグでよく用いられるのは
目印のカードをその他のカードよりも手前方向に引いておくインジョグ
（Injog）という方法である（第6図）。この方法
のメリットはジョグのカードより上のカードが
自動的にその秘密を隠す役割を果たすことであ
る。インジョグのほかに，インジョグと反対に
目印のカードを向こう方向にずらせるアウト
ジョグ（Outjog）が知られており，さらには目
印のカードを左側か右側かにずらせるサイド

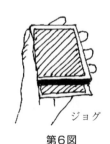

ジョグ
第6図

ジョグ（Side-jog）という方法もある。それらが有用なのは特殊な状況下である。
　テーブルに一組のカードが左（A），右（B）と二つの山になっているとしよう。
例えばAを右手に取り，それを左手に置き，続けてBを右手に取り，それを左
手のカードの上に重ねる動作のとき，その右手の拇指でAのカードのトップを
1cmほど手前に引くとそのカードがインジョグになるだろう（第7図）。

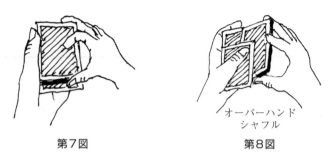

第7図   第8図

オーバーハンド
シャフル

　また，欧米で一般的なオーバーハンドシャフルでは，シャフル中の右手の
カードを手前にやや引くと簡単にインジョグができる（第8図）。日本の標準的
ヒンズーシャフルではそのようなわけにはいかない。

 ## ナチュラルジョグ（Natural Jog）

　二つの山A，Bの間にブレークやジョグを作る方法は以上の方法で可能であ
るが，ナチュラルジョグと呼ばれる自然に見える方法があるのでそれに言及し
よう。まず，Aの山を左手に収め，続けて右手にBの山を持つ。ここで，AとB
とを水平に保ち，Aの上にBを放る動作をするが，そのときBの着地がAから
3cm見当手前になるように仕向けるのがその作戦である。それが上手くいくと，
Bのカードは慣性で向こうに進み，左手の食指をAの向こう端に立てておくと，
それが言わば車止めの役を果たし，Bのカードがそこに止まる。このときAの
カードとBのカードの間には一定の摩擦があるので，カード全体がおおむねそ
ろってもBのカードの底の数枚は自然に手前にずれた状態になる。この動作は
見ていると大変自然であり，二つの山A，Bが無雑作に重ねられたように見え
る（第9図）。

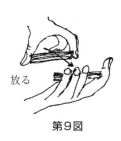
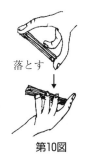

放る

落とす

第9図　　　　　　　　　第10図

　このナチュラルジョグはたいへん巧妙なアイディアであるが，術者の動作の手元が狂って，Bが丁度Aの真上に着地するという事態になることがよくある。そうなるとナチュラルジョグは成立せず，「アッ！」と言っても取り戻しができない。

　そこで筆者はより安全な方法を開発した。それはA，Bを水平にしてBを正確に放る動作の代わりに，A，Bをともにやや前下がりに構えて，さらに右手でBを放るのでなく，Bを標的の真上に持って来て，それをただそっと放すという方法である（第10図）。この方法は原案のようなリスクがない安全な方法である。

 ## ステップ（Step）

　ジョグと同じ作戦の方法にステップと呼ばれる手法がある。これはジョグのように1枚のカードをずらすのではなく，一組の一部であるカードの山全体をずらせる方法である。

　例えば，上記のようにAの山を右手に取って
左手に置き，続けてBの山を右手に取って，そ
の上に乗せるときに，ジョグでなく，Bの山全
体をAの山よりも1cmほど向こう側にずらせて
置くという方法がある。ジョグはインジョグの
場合は，種が露見しにくいが，このステップの

ステップ

第11図

場合にはBの山がアウトジョグのように向こう方向にずれている状態の方が種が露見しにくい。それは観客の目からみて，下半分が引っ込んでいるという状況に気づかないからである（第11図）。

ブレークを保っている一組のカード全体を裏表返しする方法

ブレークを保った状態で，一組のカードを裏返ししたいという場合があるが，その動作を無神経にやるとブレークがバレバレになる可能性がある。次の手続きはそれを避ける方法である。①ブレークを保っていたならば，その上のカードの山を向こう方向に1cmほどずらせてからブレークを一旦はずし，ステップを作る。②そして，右手で一組のカードの向こう端を持つ。そのとき拇指を上，四指を下にする（第12図）。③そのままカード全体を縦方向に180度回転させて，それを左手で保持する。この回転でステップの姿が変わらない。すなわち，下半分より上半分の方が向こうにずれている状態のままになる。この位置ではステップの存在が目立たない。④必要ならステップを利用して，再び上下の山の間に小指のブレークを保ち，ステップを解消することもできる。

第12図

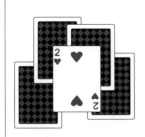

嘘の切り方1
(False Cut)

　Cutというのは一組のカードを二つあるいはそれ以上の山に分けた後に，カードが混ざるように，それが元の状態に戻らない手順ですべての山を一つに集める作業を意味する。

　そしてカード奇術の基本技法であるFalse Cutというのは，一見演者が普通のカットを行っているように見えるが，実は一組が1枚も狂うことなく元の状態に戻るという手法を意味する。このように定義するとFalse Cutは単純に聞こえるかもしれないが，実は元の状態に戻しつつ，見た目ではカードが混ぜられた印象を与えることはさほど簡単とはいえない。

　False Cutには多くの案が提案され，かなり定着していると言えるが，見た目が怪しくなくて，十分効果を発揮する方法はそう多くない。見た目が「何これ？」というファンシーなものは使用を避けたいと考えている。以下には筆者がお勧めする方法をご紹介する。

　なお，フォールスカットは一度に何種類も続けて行うべきものではない。フォールスシャフルを行った後にフォールスカットを1回やるか，あるいは二種類のフォールスカットを実行するくらいが適当である。

False Table Cut

方 法

1 左手に普通に一組のカードを持つ。カードの左側に拇指が，そして，向こう端には食指が当たっている。中指，薬指，小指はカードの右側にある（第1図）。なお，カードの位置は術者の真正面よりやや左向きに構えるのがいいであろう。

2 次に右手で一組のカードの上半分くらいを取りに行く動作を行う。そのためには右手でカードを覆うようにしつつその中指をカードの向こう端に当てる。一方，左手の食指で一組の下半分を手前方向に引くようにする。こ

第1図

の動作によりカードの下半分が手前に飛び出して来るので，それを右手の拇指と食指で挟み持つ（第2図）。そして，右手を十分に引くと，下半分が上半分と分離する。そのときは右中指を曲げるようにしてカードの向こう端を支えるようにする（第3図）。観客から見るとこの一連の動きで，術者の左手が持っていたカードの上半分を右手が取ったように見える。

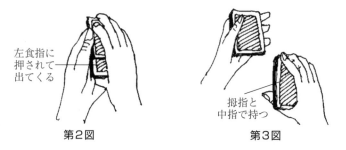

左食指に押されて出てくる

第2図

拇指と中指で持つ

第3図

3 この右手のカードをテーブルに置き，続けて右手で同じ動作で左手に残ったカードを持ち，それをテーブルのカードの上にポンと乗せる。

② トントンフォールスカット（Tapping False Cut）

方　法

1　左手に一組のカードを配り手の持ち方で保持する。

2　上から右手でカードを掴み持つが，その右手はカードの手前端に拇指を掛け，向こう側に四指を当てる。そしてこのとき右食指でカードの上半分を上に引き上げるようにしてカードをパクッとV字状に上下に二分する。このとき，右食指を真上でなく左に捻るようにするのがよい（第4図）。すると上半分が時計の反対方向に30度くらい回転する。

拇指で上半分を左へ回転

第4図

拇指の又で挟みとる

第5図

3　ここで，右手の食指が左に回転させた上半分のカードを左手の拇指の又（拇指と食指の間）に挟み持つようにする。そして，同時に右手の拇指と中指で下半分のカードを右に引く（第5図）。

　このまま，右手のカードを左手のカードの上に乗せるとSwing Cutになるが，ここでは，それと異なる動作をする。

4　左手でカードを配り手の持ち方に整え，右手はカードを垂直（カードの右側を下にする）に立てて，そのカードの右側（下側）を左手のカードのトップにトントンと二度ぶつけて，カードを整える風を装う（第6図）。

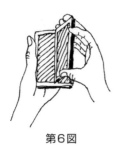 

第6図　　　　　　　　　第7図

5　次に右手のカードをテーブルに水平に置き，左手のカードを右手に取って，
同じ動作でそれを垂直に立てて，それでテーブルのカードのトップにそれを
トントンとぶつける（第7図）。

6　最後に右手のカードをテーブルのカードの上にポンと重ねてカードをよく
揃える。

 ## False Multiple Cut

　一組のカードをテーブルに置き，（その位置をAと仮称する）右手で上半分を取
り，残るカードの右側（その位置をBと仮称する）に置いたと仮定しよう。ここ
から以下の三種類の動作を検討してみよう。

①　続けてAの山を右手で取りあげて，Bの山に乗せたとすると，それは誰の
目からもカットの動作に見えるだろう。

②　それでは，右手でBの山を取りあげて，それをAの山に乗せたらどうであ
ろうか。それは誰が見てもカットするのを止めて一組を元の状態に戻したよ
うに見えるであろう。

③　それでは最後に，右手でAの山を取りあげてBのさらに右側のCの位置に
置き，続けて右手でBの山を取り，その上に乗せたらどう見えるであろうか。
実験してみるとわかるが，原理的にはこの動作の結果は，カットをしなかっ
た状態に戻る。しかし，ぼんやりと見ていてカードをカットしたと思う人が
半分くらいは生ずることになるだろう。それは錯覚である。この③の動作そ

のものはフォールスカットとしては不満足であるが，そこにフォールスカットのヒントが隠されている。その原理を活用した効果的な方法を説明しよう。

 False Triple Cut

方法	1　一組のカードをテーブルのやや左寄りに置く。
	2　右手でカードの2／3くらいを持ちあげて，右に15cmほど離してテーブルに置く。

3　次に，左手は一組の残る1／3を取りあげ，同時に右手は右の山の上半分（全体の1／3）を取りあげる。

(1)

4　そうしたら，左手をやや左にどかして，そのもとの位置に右手の山を置く。

(2)

5　次に，左手の山をテーブルの中央（二つの山の間）に置く。

(3)

6　右手で右の山を持ちあげ，左手で左の山を持ち，右手の山を中央の山に重ねる。

(4)

7　最後に左手で持っている山を真ん中のカードの上に乗せる。

以上の動作の流れを第8図に図示する。動作はためらいがない「1，2，3，4，5，6」のリズムで実行することが肝腎である。

(5)

(6)

第8図

 Rhythmical Quadruple Cut

説明の便で，テーブルの位置の左側寄りの位置をAと呼び，そこから右向かってB，C，Dと呼ぶことにする。Dは右寄りの位置である。

方 法　1　一組のカードをAに置き，次の「1，2，3」のリズムでカードを四つに分ける。最初はAの一組のカードの上3／4を右手で取り上げる。右手の拇指がカードの手前になり，中指がカードの向こう側に当たり，この2本の指でカードを挟みあげる感じである。そして，この持ちあげたカードを一旦Cに置く（第9図）。

2　次にCのカードの上2／3を右手で取り上げて，それをBに置く（第10図）。

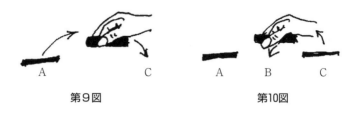

第9図　　　　　　　　第10図

3　最後にBのカードの上1／2を取り上げて，それをDに置く（第11図）。

第11図　　　　　　　　第12図

4　以上でカードがおよそ四等分される結果となる。ここで一瞬間をおき，続けて「4，5，6，7」のリズムでカードを一つに集める。最初にまず左手でAのカードを持ちあげつつ，右手でCのカードを持ちあげて，右手をやや右方向にどけるようにして，左手のカードをCの位置に置く（第12図）。

5　そうしたら，左手でBのカードを持ちあげつつ，右手のカードをCに重ねる（第13図）。

6　続けて右手でDのカードを持ちあげつつ，左手のカードをCに重ねる（第14図）。

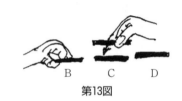

第13図

144

C   D   C
第14図   第15図

7　最後に右手のカードをCに重ねる（第15図）。

注1

　同じように見える動作で実際にカードが切り混ぜられる方法を説明する。それは上記の手順の1，2，3の動作を左右反対に実行するという方法である。その場合，最初にカードのDに置き，1，2，3は左手で実行する。そこから4，5，6は上記の標準手順と同一でよい。

注2

　この二つのカットは筆者のお勧めの方法であるが，この原理をさらに拡張して考えると，カードを一見ランダムにN個の山に分割し，それからランダムに見える順でカードを集めていくという出鱈目に見える動作で実は一組を完全に元の姿に戻すという手法が構成できる。スエーデンの鬼才レナート・グリーンはそういうフォールスカットを愛用している。しかし，それはあまりにファンシーなので，筆者があまりお勧めしない。

False Undercut

　これはテーブルを使わないアンダーカットの動作で実行するフォールスカットとしてお勧めの方法である。

方 法

1　一組のカードを左手に持ち，右手拇指をその手前端に当てて上半分を上に持ちあげて，その下に左小指を挟み込む。この場合には，ブレークのように小指の先の肉を少しだけカードの間に挟むのではなく，小指を十分にカードの間に挟みこんで差しつかえない。

2　ここからの左右の手の動きはクラシックパスの動作に準ずる。カードを水

平から右下がりの垂直に近い向きに調整する。そしてカードの間に挟みこまれた小指とカードの上に添えられた中指，薬指とで上半分のカードを挟み持つようにする。一方，右手の拇指と食指は下半分のカードの左側の上下の端を挟み持つようにする（第16図）。

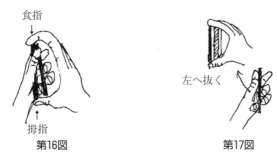

食指

拇指

第16図

左へ抜く

第17図

3　そこから左拇指をそっとどかせて，右手拇指，食指で掴んだ下半分を左上に抜き取る。そのとき，左小指と中指，薬指で挟んだカード（上半分）を握り込むようにする（第17図）。

4　ここからは，右手のカードを右方向に移動する（第18図）。そして右手のカードの上に左手のカードを乗せる（第19図）。最後に両手でカード全体を揃える。

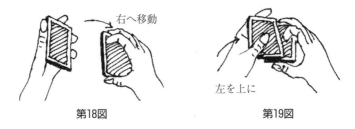

右へ移動

第18図

左を上に

第19図

5　以上の動作はクラシックパスに似ているが，目的は秘密のカットではない。右手で下半分のカードを左に抜き去り，そこから上半分の上を右に移動して，その右手のカードの上に左手の山を乗せて，一組を両手で揃えるようにするので十分である。パスのように素早く秘密の動作をする必要はなく，全体の動作が滑らかでスムーズであればいいのである。カードの上半分が下半分の

周りを360度回転するようになるが，観ているとそれは普通のアンダーカットのように見えるのである。

 ## 7 Psychological False Cut

これは最近の研究で生まれ新しい概念の技法である。以下にその方法を説明する。

解　説	これはダイ・バーノンが提唱したダブルアンダーカットの考え方を応用したフォールスカットである。

　例えば，一組のカードの真ん中あたりに観客が選んで，覚えたカードを戻した状況で，演者が1回のアンダーカットをすると観客はどう思うであろうか。多くの観客はその動作によって選んだカードがトップかボトムに持って来られたのではないかという疑いの気持ちになる可能性が高いだろう。ところが，このアンダーカットを2回に分けて実行すると心理的にその疑いが晴れるという事実にバーノンは気づいたのだと思う。確かにタイミングよく2回のアンダーカットを実行すると，カードがこのコントロールされたという疑いが薄れて，カードがよく切り混ぜられたという印象になる。

　筆者はバーノンがこれを実行するところを見たことがないが，現在のカード奇術家の多くはこのバーノンのダブルカットをやるというと，「イチ，ニイ」と号令をかけたようなリズム，テンポで二つのカットを続けて実行しているようである。しかし，筆者の分析では，これは望ましいやり方ではない。そのように素早く，計画的に2回のカットをすると「演者はカードをカットしようとしたが，途中で思い直してカットを止めることにした。」という印象になる。おそらくバーノンの考え方はそうではなかっただろうと想像する。では，どうやるのが効果的か。それはまず第1回目のカットが終わったら，そこでゆっくりすることが肝腎である。例えば右手の四指の指先でカードの向こう端を左から右にひと擦りするカードを揃えようとする動作をするのもいい作戦である。

そうでなくても，1回目のカットからしばらく雑談をするのもよい。そして奇術の次のプロセスに進む直前に急に思いついたように第2回目のカットを無雑作に実行するのである。このように観客の心理を巧みに導くように配慮したバーノンのダブルアンダーカットをする人はあまり見かけない。残念である。

　さて，以上がダブルアンダーカットの分析であるが，この思想を応用するとダブルアンダーカットとほとんど同じ動作で効果的なフォールスカットができることになる。

方　法

1　一組のカードを左手に持つ。この場合，ブレークは要らない。

2　まず，左手でカードの下半分を掴み左に引き，その山を右手の上半分の上に持って来て，その上にそっと乗せる。ただし，乗せたカードは下のカードの左側に2cm程度ずれている状態にする（第20図）。

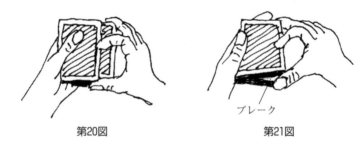

第20図　　　　　　　　　　　　第21図

3　ここでそのずれを解消しつつその分れ目に左小指のブレークを作る（第21図）。

4　右手の四指で一組の向こう端を左から右にひと擦りする。

5　ここで目的のカットは終わったという態度をして，しばらく雑談をするのも効果的である。

6　しばらくして次の動作に写る直前に急に思いついたようにブレークのところから同じアンダーカットの動作を再度行う。

7　術者の芝居が功を奏すれば観客は「演者がカードをよく混ぜようとした。」

という印象を持つであろう。

Psychological False Table Cutting

解　説

　　心理的フォールスカットはテーブルカットでも可能である。その場合には，左手の一組のカードの上半分を右手に取り，テーブルに置き，続けて残るカードを右手に取ってその上にポンと乗せる動作でカットを実行するのである。ただし，この場合には最初の山の上に残る山を乗せるとき，後の山を左に 2 cm程度ずらせて乗せるのである（ステップ）。このずれは右手の陰になっているため観客からは見えない（第22図）。

ステップ

第22図

引きずってくる

第23図

　そこで術者は右手でカード全体を手前に引いてきてテーブルの端でそれを左手で受け止める（第23図）。そして二つの山のずれを解消しつつ左小指のブレークを保つのである。ここでやはり必要な時間を稼ぎ，次の動作の直前に急に思いついたかのようにもう一度ブレークからカットを行うという作戦である。心理的ねらいは上記のアンダーカットによる方法と同じである。

注3
　二つの心理的カットの前半と後半を組み合わせて実行するフォールスカットもカジュアルな感じがしてなかなか効果的である。

5　ジェリー・アンドラス（1928－2007）

ジェリー・アンドラス，大塚善彦，筆者　於いてNY　1964年

　アンドラスとは1964年にニューヨークのコンベンションでご一緒したが，それまでに
著書はある程度読んでいた。その場で情報交換しながら意気投合し直ぐに親友になった。
以来数回の来日で通訳も務め，更に親交が深まり，新しい研究書をサイン付きでいただ
いたりした。
　筆者はバーノンに会ったとき，そのオリジナル性を絶賛したが，バーノンは「自分は
すでにある奇術の質を更に高める工夫はするが，新しいものを創造するという点ではア
ンドラスの方が上だ。」と語った。それはそのとおりである。いま考えると，バーノン
の奇術はオーソドックスであるが，アンドラスはオーソドックスではない。面白いこと
に天海のアプローチとアンドラスのアプローチには共通のものがあることに気づく。そ
してどちらもそのオーソドックスでないところに魅力があるという事実は興味深い。

<Jerry Andrus>

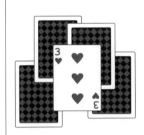

嘘の切り方2
(False Shuffle)

　シャフルというのはカードを細かく切り混ぜる動作を意味する。よく使われるシャフルはオーバーハンドシャフル，ヒンズーシャフル，リフルシャフルの三種類である。ここではオーバーハンドシャフル，ヒンズーシャフルによるフォールスシャフルを取りあげる。

 ## False Overhand Shuffles

　オーバーハンドシャフルという切り方は欧米で広く一般的に行われている切り方である。その標準的方法では，左手に配り手の持ち方で持っている一組をシャフルする場合を例にとると，まず，左手に水平に保たれているカードを右手で垂直に立てるようにして，それを右手に持つことから始める。右手は拇指を手前側，中指を向こう側にしてカードを保持する。このときカードは左手の掌部を縦に生命線にそって縦断するような位置にある。左手の指は拇指が垂直になったカードの左に位置するトップに当たり，食指がカードの向こう端を押さえる。中指，薬指，小指は右に位置するボトムを支える姿となる。そしてシャフルでは右手のカードを上下に動かしつつ，左手拇指で右手のカードのトップから適当にカードを左手に取っていくようにする（第1図）。

　オーバーハンドシャフルとそれを使うフォールスシャフルについては

Hugard & Braueの名著「Royal Road to Card Magic」の記載内容を参考にした柴田直光「奇術種あかし」に詳しい解説がある。筆者は観客が西洋人の場合には，この方法を使うことに賛成するが，観客が日本人の場合には，この切り方は「確かに切っているようだが何か怪しい！」という印象を与えることもありえるので，

オーバーハンド
シャフル
第1図

避けるべきだと考えている。したがって日本では意識的にヒンズーシャフルを使うべきだと考える。

　オーバーハンドシャフルに関連する手法を細かく分類すると次のような要素に整理ができる。

（A）　run：ランと言うのは，カードを間違いなく一枚切るという動作を意味する。

（B）　injog：シャフルしたカードを左手のカードより手前方向に2 cmほど引いておく手法をさす。

（C）　outjog：カードをインジョグの反対に向こう方向にずれるようにする手法である。このアウトジョグは特殊な状況で利用される。

（D）　undercut：右手で左手の山の下半分を引き抜く動作を意味する。

（E）　break：オーバーハンドシャフルでは，インジョグを利用して，カードを上下に分割しその分れ目を右手拇指で保つことを意味する。

（F）　shuffle-off：シャフルオフとは，右手の山を残らずシャフルしてしまうことを指す。

（G）　replace：右手の山を左手の山に乗せる（戻す）。

② 上を狂わさない切り方
(Top Keeping False Overhand Shuffle)

方 法

1 まず，一組を左手に持ち，右手で下半分を取る（アンダーカット（第2図））。

アンダーカット

第2図

インジョグ

第3図

2 そこからまず一枚をインジョグで切る（インジョグ（第3図））。

3 そうしたら，ここからは普通にオーバーハンドシャフルを行う。このとき切るカードは普通の位置とインジョグの位置との間にカードが乱雑になるのがよい（乱雑なシャフル（第4図））。

乱雑にシャフル

第4図

インジョグカード

ブレーク

第5図

4 右手のカードがなくなるまでシャフルしたら，その右手で乱雑なカードを整えつつ，右拇指でインジョグのカードをやや上に押しあげ気味にして，カードのV字状のブレークを作る（ブレーク（第5図））。

5 ここから再びオーバーハンドシャフルを行うが，このときには，右手のブ

レークから上のカードがなくなった瞬間に
右手の残りの山を左手の山の上にポンと置
く（リプレース第6図）。

以上の動作でトップの部分は元のままの状
態になる。

第6図

③ 下を狂わさない切り方
(Bottom Keeping False Overhand Shuffle)

方　法

1　この方法の場合には，左手の一組を一旦全部右手に取り，
オーバーハンドシャフルを始める。

2　半分くらいシャフルしたところで，1枚のカードをイン
ジョグで切ってシャフルを一旦終止し，右
手の山を左手の山に重ねる。

3　次に，右手で一組を持つのであるが，こ
こではインジョグのカードを右拇指で上に
押し上げるのではなく，逆に下に押し下げ
るようにしてブレークを作る（第7図）。

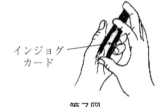

インジョグ
カード

第7図

4　そうしたら，直ちにブレークから下の部分を右手で取り，それを左手の山
の上にシャフルしていく。シャフルが終わるとボトムは元のままの状態とな
る。

④ 全部が狂わない切り方
(Complete False Overhand Shuffle)

方　法

1　この方法では，左手に一組を持ち，右手で下半分くらいを
取り，シャフルを始めるが，大切なことは5枚を正確にラン
で切るということである。

2　ここまで来たら，右手の山を左手の山の上に置くが，その山全体をアウト
ジョグすることが大切である（第8図）。アウトジョグの目的は，分れ目を記

録することと，それが観客からは見えないこ
とである。この状況の場合には山をインジョ
グするとそれが露見しやすくなるので，アウ
トジョグに限る場面である。

アウト
ジョグ

第8図

3　続けて，右手で分れ目の下のカードを取り，
再び正確に5枚をランで切り，最後に右手の
山を左手の山の上にリプレースする。以上の動作の結果，一組のカードは一
枚も乱されることがなく元に戻る。

[5] ヒンズーシャフル（False Hindu Shuffle）

解　説　　ヒンズーシャフルは東洋の国々でカードを切り混ぜるのに常
用される切り方である。西洋の奇術研究家は意識的にヒンズー
シャフルを基本とする技法を開発する努力をしてくれているが，
西洋人はヒンズーシャフルというとカードを右手で上から掴むようにするもの
と認識しているようだ（第9図）。筆者は経験的に日本のヒンズーシャフルでは
右手はカードを下側から掴むようにしていると認識している（第10図）。そのこ
とから，日本人の観客が自然と感ずるのはこの日本式ヒンズーシャフルである
と考えて，筆者はフォールスシャフルやコントロールに用いるには，この切り
方を基本に技法を考えるように努めている。

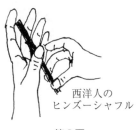

西洋人の
ヒンズーシャフル

第9図

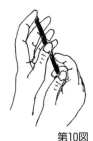

日本人の
ヒンズー
シャフル

第10図

6 上を狂わさないヒンズーシャフル
(Top Keeping False Hindu Shuffle)

有力な方法が二つある。

(A)

まず，易しい方法を説明する。一組を左手に持ち，右手でその下半分を手前に引き抜き，ヒンズーシャフルを始める。このとき左手小指を左手に残るカードの上に位置させて，以下のシャフルはその上で実行する。その結果シャフルが終わると，左小指がカードに挟まるようになる。この動作ではブレークのように微妙に肉だけを挟む努力は不要である。小指を十分にカードの間に差し込んでかまわない。適当なところでシャフルを終える。ここから，トリプルカットを実行する。その方法としては，左手に一組を保持し，まず右手で左小指の個所から上の山のさらに上半分を取りあげてテーブルに置く。続けて，右手で左小指より上の部分を取りあげてテーブルのカードに重ねる。そして，最後に，残るカードを右手で取りあげてテーブルの山の上に乗せる。

(B)

お勧めのトップを乱さないシャフルがこの方法である。左手にある一組のカードの下半分を右手で手前に引き抜く。そしてその山を左手に残るカードの真上に持って来る。ただし二つの山をきちんと合わせることはぜず，二つの山の間にわずかなV字状の分かれ目が保持されるようにする。このときこの分れ目を保つのは左下に位置する右手拇指の役目である。そしてカードの右上隅が観客の真正面になるようにカードを持つ。この状態で，右手でカード全体を掴み持つことができるだろう（第11図）。

V字状の分かれ目

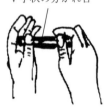

第11図

ここまでは，落ち着いてゆっくりと動作を行うのがよいが，ここからは本格的にリズムよくシャフルを行う。シャフルでは左手中指が大切な役割を果たし，

右手の山の上のカードを左手に擦り取るようにするのである。そして，シャフルがV字の分れ目のところまで来たら，右手に残るカードを左手のカードの上にポンと乗せてシャフルを終わる。この手続きでトップが元のままの状態に保たれる。

7　下を狂わさないヒンズーシャフル
（Bottom Keeping False Hindu Shuffle）

ボトムを乱さないフォールスシャフルにも二つの方法が考えられる。

（A）

まず易しい方法であるが，この場合，一番怠けた方法は，一組を左手に持ち，最初にその真ん中あたりから上のカードを15枚くらい引き抜いてそれをヒンズーシャフルするという案である。それより少し考えた方法としては，トリプルカットを使う方法がある。そのためには一組を左手に持ち，最初にそれ全体を右手に取ってヒンズーシャフルを始め，半分くらいシャフルが進んだところで右手の残るカードを左手のカードの上に重ねる。ただし，そのとき二つのカードの山の間に左小指を挟む。ここでトリプルカットを実行するが，それは次の手続きである。まず，最初に右手で左小指の個所から上のカードを全部取りあげてテーブルに置く。次に左手の山の上半分を右手に取り，それをテーブルの上のカードの上に乗せる。そして，最後に左手の残りのカードを右手に取り，それをテーブルのカードの上に置く。

（B）

お勧めの方法は次の方法である。これもさほど難しい技法ではない。まず左手が保持していた一組のカードの下半分を右手の拇指と中指で手前に引き抜く。そして左手の山の真上に右手の山を持って来るが，二つの山を完全に合わせることはしない。ここまでは上記のトップを乱さないフォールシャフルと同じ要領である。ここで右手のカードを左手の拇指，中指で挟み持つようにして，右手は拇指と薬指で左手に残っていた下半分のカードだけを手前に引き抜く（第12図）。

　そうしたら，ここからは右手の山をドンドン切っていき，最後までシャフルしてしまう。この動作で，ボトム部分は全く乱されない。このシャフルでは途中でカードを保持する右手の指が中指から薬指に切り替えられるのであるが，右手中指も薬指に添えられているままなので，外見に違いがない。したがって，そのことはあまり気にしないでよい。

右手中指が上半分，
薬指が下半分をささえる

第12図

注1
　オーバーハンドシャフルによる完全なフォールスシャフルと同じことがヒンズーシャフルでできないか？と考える人もいるだろう。それは不可能ではないがあまりお勧めはしない。その理由はオーバーハンドシャフルなら誰でもが練習をするラン（１枚ずつ切る）がヒンズーシャフルではなかなか難しいからである。

注2
　次のテーマはフォールスリフルシャフルであるが，フォールスリフルシャフルでは，原則として一組のカードを１枚も乱さず，完全に元の姿に戻るように実行される。これにはいろいろな方法が提案されており，お勧めできるいい方法の数が多い。フォールスリフルシャフルについては別の機会に取りあげることとしたい。

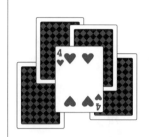

グライド

(Glide)

解 説	グライドはよく使われる大切なカード奇術の技法である。一組のカードのボトムカードの表を示し，それを引き出してテーブルに置くように見せかけ，実はボトムから2枚目のカードを

引き出してテーブルに置くというものである。一般には，技術的にさほど難しくない技法と認められているが，よく検討すると，検討すべき点が多い技法でもある。

　古典的方法をまず確認しよう。

　左手で一組のカードを表向きに「配り手の持ち方」で持つと第1図のような姿になる。この持ち方では一組のカードは左手の掌に接している。ここで，左手の指を伸ばして，カードが掌から離れるように持ち方を調整すると第2図のような姿になるであろう。

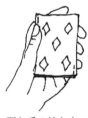

配り手の持ち方
第1図

カードが浮いている持ち方
第2図

　ここから手首を時計方向に180度回転させると，表のカードが下向きになる。これが「グライドの持ち方」と呼ばれる姿である（第3図）。ここから手首を曲げてカードを起こし，底札の表を観客の見せることができる。そして手を元に戻し，底札が再び観客から見えない下向きになるようにする。そのときカードの両側を拇指と食指でしっかりおさえておき，中指，薬指の指先の摩擦で底札を手首の方向に1㎝あまり引く。この動作をグライドと呼ぶ（第4図）。

グライドの持ち方
第3図

グライドの動作
第4図

　ここで，右手の食指，中指を底札の向こう端の下側に回して，その指で底札と見せかけて下から2枚目のカードを引き出してテーブルに置く（第5図）。すると観客は見せられた底札がテーブルに置かれたように思うが，実は別のカードがそこに置かれている。いわばカードが密かにすり替えられたことになる。これがグライドの基本的活用法であり，カード奇術の解説書ではそのように説明がなされるのが通常である。

2枚目を引き出す
第5図

　グライドで大切なことは使うカードの質である。新品か，あるいは封を切ってから間もない新しいカードならこの方法で技法がうまくいくが，カードが使いこまれて古くなっていると，カードとカードがくっつきやすく，左中指，薬指が1枚のつもりで引いたカードが予期せず2枚とか3枚とかになってしまうというアクシデントに見舞われることがある。これを避けるためには底札を観客に見せるタイミングで，表向きのカードの左下隅を右拇指でそっと持ちあげて，そのわずかな分れ目を左拇指で保っておく

という方法がある。

しかし，それよりも実用的なお勧めの方法があるのでそれを説明する。

 ## バーノンのグライド

　これはダイ・バーノンが考案した方法である。上に説明した手続きと同じように動作を進めるが，いざ左手の中指，薬指がグライドの動作をやるというところで，その動作はやらないという作戦である。そのかわり，底札を取りに行く右手の動作が大切となる。それは右手の指をカードの向こう端の下に回したとき，まず右中指で底札を押さえるのがコツである。そしてそのまま中指は抑えた底札を押し込み，それに続いて食指が底から2枚目のカードを押さえこむ。そしてその指でその2枚目を引っ張り出してくるようにする。このバーノンの作戦は中指が食指より長いことを巧みに利用していることがわかるであろう。この方法の利点は一組を掴んでいる左手の拇指と食指の力と，底札と2枚目を扱う右手の中指，

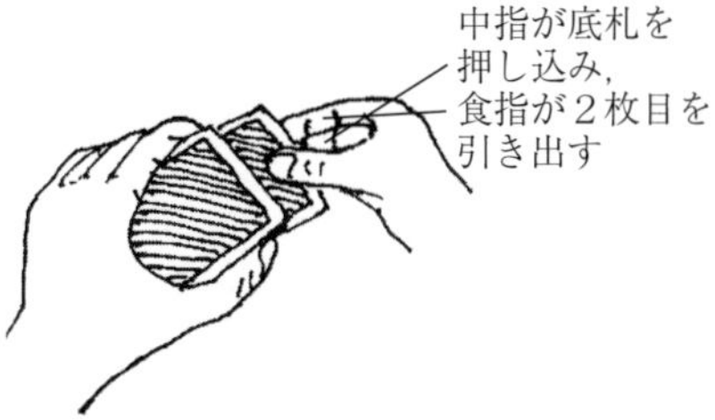

中指が底札を
押し込み，
食指が2枚目を
引き出す

第6図

食指の力が完全に独立しているという点にある（第6図）。

 ## 問題のカードの持ちかえ

　上記の古典的方法でもバーノンの改案でも，裏向きの一組のカードを配り手の持ち方で持っていた左手のカードをグライドの持ち方に持ち替えるところが問題になる。多く演者が第7図のような無神経な持ち替えをやっている。これは見ていると理由のない手の動きであり，誠に不自然である。

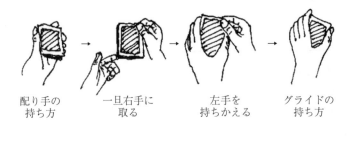

配り手の　　　一旦右手に　　　左手を　　　グライドの
持ち方　　　　取る　　　　持ちかえる　　　持ち方

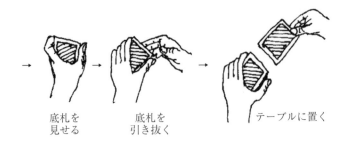

底札を　　　　底札を　　　　　テーブルに置く
見せる　　　引き抜く

第7図

　それをさらに改良した動作がある。その場合には左手の裏向きのカードをそ
のまま右手で表向きに返すことで解決する。このとき表向きになった一組を持
つ左手は浮かせて指先で保持するようにする（第2図参照）。ここで表のカード
をよく見せて，然る後に左手首を回転させてカードを裏向きにしてグライドを
実行する。この手続きは上記の無神経は持ち替えよりははるかに無駄な動きが
ない自然な動作となる。

 ## サイドグライド（Side Glide）

　20世紀の研究でバーノンの方法と並行して提案された新しい方法にサイドグ
ライドと呼ばれるグライドの方法がある。筆者は，グライドはこの方法が一番
自然であると考えている。サイドグライドでは左手に一組のカードを裏向きに
持っている場合には，右手で一組をそのまま持ちあげるようにする。それは右

手の標準的持ち方であり，拇指が手前端，四指が向こう端にしてカードを掴む
ようにする。通常，食指はトップカードの上に休ませるのだが，ここでは食指
も他の指と同じように向こう端に添える。このまま右手で一組を持ちあげて手
首を時計方向に180度回転させると一組のカードのボトムが観客に見えるよう
になる（第8図）。観客がカードを確認したら，右手の向きを元に戻し底札が下
を向くように構える（第9図）。

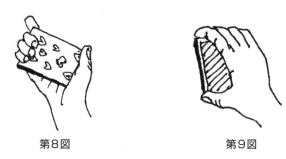

第8図　　　　　　　　　　第9図

　このタイミングで右手の中指，薬指を握りこむように力を入れて底札が小指
の方向の回転するように仕向ける（第10図）。この動きは観客からは見えない。
そこで，左手の中指を底札の下に回して，指先で次のカードを引っぱり出す
（第11図）。このサイドグライドのときの左右の手の動きはごく自然であり，怪
しいところがない。唯一の問題点は術者の左側に位置する観客からは右手の拇
指と食指の間が見えやすいので，そこから秘密の動作が露見しないほうに角度
に注意を払う必要があるという点である。

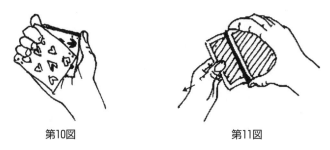

第10図　　　　　　　　　　第11図

なお，カードが古くくっつきやすいときには前述の工夫が役に立つであろう。

それは最初に左手で配り手の持ち方でカードを持ったときに，ボトムカードの上に左小指のブレークを作り，そのままブレークの数mmの開きを右手拇指で保ちながら，サイドグライドの技法を実行するという配慮である。

　ただし，筆者はグライドを上手に活用する奇術を演じたいときには状態のよい新しいカードを用いることをお勧めしたい。

 ## 4 ボトムプレースメント（Bottom Placement）

　上記のサイドグライドの動作と似た動作で行う技法にボトムプレースメントがある。仮に一組のカードを左手に持ち，右手でその上半分くらいを持ちあげたとする。右手は拇指が左下隅，四指が向こう側である。これはサイドグライドの手と同じ姿である（第9図参照）。ここから右手を起こして底札を見せるか（第12図），あるいは右手首を時計方向に180度回転させて底札を観客によく示す（第13図）。

第12図

第13図

　見せたら手を元の向きに戻すが，そのとき中指以下を握るようにすると上記のサイドグライドになるが，その握る力をさらに強める一組と平行であった底札がある角度を持って立ち上って来る。すると底札とそれより上のカードとの間にV字状の割れ目が形成されることになる（第14図）。そこで，左手のカードをそのV字に押しこんでしまう（第15図）。最後にカード全体を両手でよく揃える。すると観客の見たカードは真ん中あたりではなく，一組のボトムにコントロールされる結果となる。これがボトムプレースメントである。

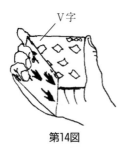

V字

第14図

V字にさしこむ

第15図

6　ケン・ブルック（1920－1983）

筆者のボトルのラベル

マルチプルボトルを説明するケ
ン・ブルック
於いてロンドン，ハリー・スタ
ンリー奇術店　1964年

　ケン・ブルックはイギリスのマジシャンであり，その活躍ぶりは書籍で日本にも伝え
られていた。1964年に筆者が初めてロンドンを訪ねたときハリー・スタンリーの奇術店
に立ち寄ったところ，なんとその売り子がブルックだったのである。筆者はそのときマ
ルチプルボトルのセットを買い求めたのであるが，ブルックが彼の手順を丁寧に説明し
てくれた。現在でもその手順に準じた方法で実演している。なお，この９本のボトルの
ために，ニューヨークでジェームス・ランディから素晴らしいラベルのセットを譲り受
けた思い出がある。それは高級なシーグラムのデザインである。

<Ken Brooke>

ダブルリフト
(Double Lift)

解 説	ダブルリフトはカード奇術にとって欠かすことのできない大切な技法であり，実際にも多用される便利な手法でもある。

　基本的に，ダブルリフトは一組のトップカードを取りあげて示すように思わせて，実際には2枚をあたかも1枚のように扱うという単純な内容のものである。そう聞くと，「簡単な技法だ！」と早合点しがちであるが，そうではない。意外なことに，ダブルリフトはいまだに完成版というものが確立できない厄介な技法でもある。筆者はこれまで50年以上世界中の奇術家が試みているダブルリフトを観察してきたが，これで満足というものを見たことがない。むしろ，「やめてほしい」と目を覆いたくなるような方法でそれを実行している人が多いというのが実情である。

　そういう状況の下で筆者も50年以上ダブルリフトの研究を続けているが，いまだにこれが決定版と言う方法に到達しない現状である。ここでは，理想の方法とはどういうものかを明らかにし，現時点でお勧めできると思う方法を解説することとしたい。

　ダブルリフトに関して大切なことは，取りあげたカードが2枚かもしれないという印象を持たれないことである。実際には2枚を持ちあげているのに，あたかも1枚のように思わせるということに力点を置いたアイディアはこれまでにいろいろ研究されてきたが，実はそれ以上に大切なことは，カードを取りあ

げる動作とそれに付随する動作が自然な動作に見えなくてはならないという点である。

理想のダブルリフトとは

　筆者が学生の頃，お仲間の寺島達之氏が面白いダブルリフトを提案した。それは一組のカードを左手に持ち，右手の食指の爪をカードの向こう端に引っ掛けトップの2枚をあたかも1枚のように手前に引くという内容のものであった（第1図）。寺島氏は右食指の爪の長さを適切に整え，力の入れ方を加減すれば，99％確実に2枚を引くことができると主張した。筆者がやってみるとなるほどそのとおりであっ

右食指爪の
働き

第1図

た。それまでに見たことのない新しい方法なので，それを高木重朗師に報告した。すると高木師は「面白い研究だが，カードを取る動作が不自然である。」と指摘された。

　ここで確認しておくと，高木師と筆者とがそのとき合意したのは自然な動作とは次のようなものである。

方　法

1　左手に一組のカードを配り手の持ち方で持つ（第2図）。
2　左拇指でトップカードを右に押し出す（第3図）。

配り手の持ち方
第2図

拇指がカードを
押し出す
第3図

3　右手でそのカード取り上げてその表を観客に示す（第4図）。

押し出したカードを
右手で示す
第4図

それでは，どういう方法で，そのような自然に見える動作で1枚と思わせて2枚のカードを取り上げてそれを示すことができるのか？これが簡単そうに見えて，実は大問題なのであり，この問題はまるでフェルマーの定理のように命題はわかりやすいが，正解がわからないという難問であり続けているということである。

2　直接のダブルリフト（Straight Double Lift）

Get Readyの要らないダブルリフトの方法もいろいろ試みられているが筆者が見て「これはいい！」と認める方法はあまり思い当たらない。

ここに説明する方法はその中で一応検討に値する方法と思われるものである。

方　法

1　一組のカードを左手に持ち，左拇指を向こう端の真ん中あたりに位置させる（第5図）。

拇指の腹の
内側が働く
第5図

2枚を押し出す
第6図

2　そして，拇指の指先の腹の左側（食指にちかい方）をその端に当てがいそれでトップのカードを2枚右下方向に1～2cm引く。指の力加減で，2枚のカードを引くことはさほど難しくないが，このとき2枚は完全に揃っておら

ず，1mm近くずれているのが普通である（第6図）。

3　そこで右手でこの2枚をあたかも1枚のよ
うに持ちあげるために，押し出したカードの
下端に右小指をあてがい，カードの右側を拇
指と食指で挟んでカードがよく揃うようにし
つつその2枚を持ちあげてその表を観客に示
す（第7図）。

小指を下に当てる
第7図

 ## ダブルリフトの準備（Get Ready）

　ダブルリフトを用いる際に，その技法を行う前にあらかじめそのための準備
をしておくという考え方がある。その手続きを「Get Ready（準備作業）」と呼
んでいる。このGet Readyではトップ2枚に下に左小指のブレークを作ってお
くのがその趣旨である。考えてみるとそのような予備動作はない方が望ましい
のは明らかであるが，Get Readyがあった方が自然なダブルリフトに近づきや
すいという事実もあり，その活用は否定できない。

 ## 天海師のGet Ready

　Get Readyの方法で特筆しておきたいのは筆者の恩師天海師の作戦である。
天海師と親しくお付き合いさせていただいた十年の間に師がダブルリフトをし
ようとするのを見た記憶がない。では天海師はダブルリフトを使わなかったか
と言うとそうではない。逆にダブルリフトを多用していたというのが事実であ
る。ところが師はダブルリフトの前には必ず手順上，1枚のカードを取って，
そこで間をおいて，次のカードを左拇指で右に押し出してから左小指のブレー
クを作り，然る後に1枚のカードをトップに戻し，しばらくしてからそこで
ブレークの上の2枚をあたかも1枚のようにスムーズに持ちあげるという作戦を
用いていたのである。天海師が晩年に愛用していた「飛行するカード」の手順

をよく分析するとその集大成であるという感じがする。あの天海師ですら，ストレートなダブルリフトをしようとしなかったという事実は注目に値する。

Get Readyの方法

ここに研究に値するGet Readyの方法を二種類説明しておく。

その第一である。

方　法（A）　1　左手に一組のカードを持ち，右手を上から添えてその右手でカードの上の方を時計方向に捻るようにする（第8図）。

上の方を時計方向に捻る

第8図

拇指が2枚を確認

第9図

2　そこで，右手の拇指の腹をカードの右下の角に当てて，その指の感覚で，カードを「1枚，2枚」と数えて持ちあげる（第9図）。

このとき持ちあげるカードは反り加減になりやすいが，できればカードが反らないように力加減を調整したい。

3　2枚カードが持ちあがったらそこに左小指のブレークを確保する。

次の方法も研究に値する。

方　法（B）　1　左手に一組のカードを持ち，そこからはほとんど左手だけでGet Readyができる。ただし，その秘密の動作が目立たないように右手で上からカードを覆うようにしておく配慮は大

切である。

2　左手の仕事であるが，まず拇指の関節を曲げるようにして，指先の腹が
トップカードの中央より左寄りの位置に当たるようにする（第10図）。

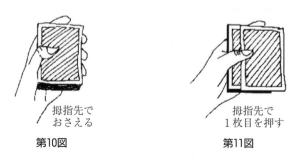

拇指先で
おさえる
第10図

拇指先で
1枚目を押す
第11図

3　そして拇指を右方向に伸ばすようにすると，トップカードが右方向に1cm
ほど移動する（第11図）。

4　すると，拇指の腹の関節に近いところが2枚目のカードに触れる位置に来
るので，それをさらに右に押し出す。その結果，トップの2枚が右方向に押
し出される結果となる（第12図）。

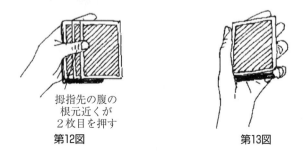

拇指先の腹の
根元近くが
2枚目を押す
第12図

第13図

5　ここまで来たら左小指を2枚目のカードの下に差し込んでおいて，左手の
他の指を使ってカードを揃えると，トップから2枚のカードの下に小指のブ
レークが確保される（第13図）。

6　なお，左手の拇指だけでこの2枚のカード押し出しを実行し，そのまま右
手の指でその2枚を1枚のように取りあげるというストレートダブルリフト
も可能である。

6 高木師が評価したGet Readyからのプッシュオフ

方　法

1　これは筆者が現在でも愛用している方法である。左手が一組を持っていて，トップ2枚の下に小指ブレークが確保されている状態から始まる。

2　右手を上から添えるが，中指と拇指の指先の関節でブレークの上の2枚のカードの右上と右下の角を密かに挟み持つようにする。他の指は遊んでいてよい（第14図）。

右拇指と中指で2枚を挟む

第14図

左拇指が押す動作
実際は右拇指・中指が引く

第15図

3　ここから右手を3cmほど右に動かすと，トップの2枚が揃って一組から右にずれるようになるだろう。それは右手がカードを引っ張ったからである。ただし，これが実態であるが，演技の上ではトップカードが左手拇指によって右方向に押し出されたように見える必要がある。そのための工夫は簡単であり，カードが右方向に動くとき，左拇指がカードを押す芝居をすれば十分である（第15図）。

7 片手プッシュオフ

方　法

1　この方法はユニークな原理である。左手が一組を持っていて，トップ2枚の下に小指ブレークがあるとする。

2　そのまま左手の中指，薬指，小指の3本を右に向かって伸

ばすと，ブレークの上の2枚はそのまま右方向に移動することになるであろう（第16図）。

左指を
伸ばす

第16図

拇指で
おさえる

第17図

3　このとき，左手の拇指はカードに触らないように浮かせておき，2枚のカードが十分右に移動したとき，その拇指でカードの上を押さえるようにする（第17図）。

4　以上の動作を計画どおり実行すると，見た目は左手拇指が一組のトップカード1枚を右方向に押し出したように見える。しかし，実際には2枚が重なって押し出される結果となる。

⑧ ヒューガードのプッシュオフ

方　法

1　この方法はExpert Card Technique（Hugard & Braue）に発表されているが，実用的な方法である。左手に一組を配り手の持ち方で保持するが，大切なことはカードの左下隅が左手の掌部に埋まって固定されていることである。トップ2枚の下には左小指のブレークが保たれている。

2　ここで左手拇指をカードの左上角に当てて，その指先でカードを右に押す。するとトップから2枚のカードが揃ったまま，カードの左下隅を軸とする円弧を描いて回転する。その動作は左拇指が上端の中央あたりに来るくらいで十分である（第18図）。

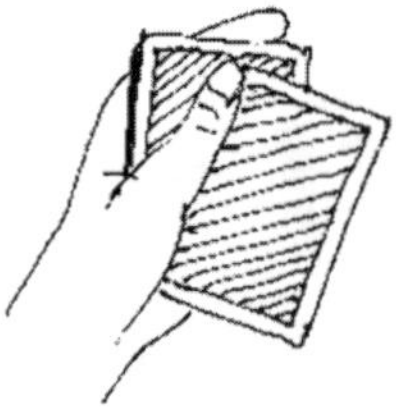

拇指のプッシュオフ

第18図

9 プッシュオフの後のカードの取りあげ方

以上のどの方法でも２枚のカードが一組から右に押し出されるが，ここから
右手でその２枚をあたかも１枚のように取り扱う動作が大切である。それを手
抜きすると折角の技法が台無しになる。

(1) 普通に右手の取ったカードの表を見せてからそれを元に戻すのが最も基本
的な動作である。この動作にはあまり凝った工夫は必要ない。左手拇指で右
に押し出されたカードを右手の拇指（カードの上面）と中指（カードの下面）
で持ちあげる動作で十分である。なお，このとき右手の小指がカードの下端
を支えるようにすると，多少ずれた２枚がよく揃って１枚のように見える
（第19図）。この工夫を覚えておくと便利である。

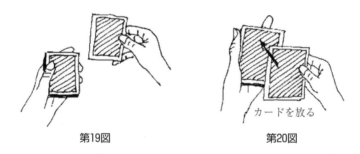

第19図　　　　　　　　　　　第20図

カードを放る

次に，見せたカードを元に戻すときには右手のカードを左手のカードの上
によく揃うようにそっと置くのでよい。もう一つ，それよりもさらに工夫し
た方法は右手のカードを左手のカードの上のそっと放るという手法である。
この場合には，右手が放るカードの左側をThumb Base（拇指の根元）で，向
こう端を左手食指が受け止めるようにするのがよい（第20図）。

(2) 簡単な方法で意外に目的を果たすのは，押し出されたカードの手前端に右
手拇指，向こう端に中指を当ててカードを右手に挟み取り，そのまま手首を
時計方向に180度回転させて，カードの表を見せるという作戦である（第21
図）。これならカードを戻すのも簡単である。この方法はカードを扱いなれ

ている人の自然な動作ではないが，カードを扱いなれていない人がしばしば
やる動作であり，不自然には見えないのである。

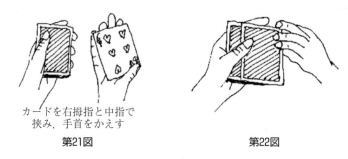

カードを右拇指と中指で
挟み，手首をかえす

第21図　　　　　　　　　　　　第22図

(3)　右手の取ったカードを一旦左手の一組のカードの上に置き，然る後にそれ
　　を元に戻すようにしたい場合もあるだろう。その場合には，左拇指が押し出
　　したカードを取る右手拇指をカードの下の面に当て，カードの上の面に食指
　　と中指を当ててカードを取るのが一番自然である（第22図）。

　　　このとき薬指をカードの向こう端に当てておくとカードのずれを防止する
　　のに役立つ。その指使いでカードを右手が取ったら，拇指が上になるように
　　カードを縦方向に180度回転させる。こうして表面が上向きになったら，そ
　　れに続く動作には二つの方法がある。

　(a)　その一つはそのカードの表が観客によく見えるように，そのカードを左
　　　手のカードの真右に持って来て（第23図）そこから本を閉じる要領で右手
　　　のカードを元の一組の上に裏返す動作である。

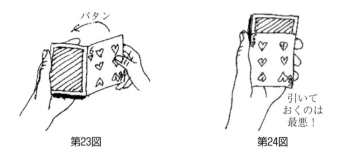

パタン

引いて
おくのは
最悪！

第23図　　　　　　　　　　　　第24図

(b)　そしてもう一つの動作は右手で表向きにしたカードを一旦一組の上の置
　　くという作戦である。ただし，このときには置くカードが左手の一組の
　　カードとよく揃う位置になることが肝腎であり，置くカードの下に密かに
　　左小指のブレークを保つようにする。そこからカードを再び裏返すために
　　は，同じ手続きをもう一度やるのがよい。

　　ところで，この動作で多くの奇術家がやっているのは，右手でカードを
　表向きにしたとき，そのカードを左手のカードより2㎝ほど手前に引いて
　おくという工夫である（第24図）。こうすると次の動作が楽になるのは確か
　であるが，それは演者の都合であって，観客からは不必要な動作に見える。
　したがって，この動作は避けるべきと知らなければならない。

 ## マルチプルリフト（Multiple Lift）

　以上，大切なダブルリフトについて説明したが，同じ目的で3枚を1枚のご
とく扱う方法もあり，それをトリプルリフト（Triple lift）と呼ぶ。同じことを
4枚で実行すればQuadruple liftということになる。これらを総称してマルチ
プルリフトと呼ぶ。

7 ラリー・ジェニングス（1933－1997）

筆者が付き合っていた
1964年頃のジェニングス

　筆者は自身と年代の近い海外の奇術研究家数人と親しくお付き合いをした。その多く
は故人となったが，すべてアルコールの摂り過ぎがその寿命を縮めることになったと聞
かされている。誠に残念である。ジェニングスは私が初めて会った若手研究家であった。
1964年に筆者がバーノンに初めてお目にかかったとき同席していたのが彼だったのである。
バーノンはそのとき次のように彼を紹介した。「アメリカには何十年も奇術をやっている
のにいまだに箸にも棒にもかからないようなマジシャンがウヨウヨいる。一方，この若者
はまだ奇術を初めて１～２年だがすでにアメリカ有数の研究家である。」この言葉が本当
であることはその後遅からず実感することになった。1969年に再びロスのバーノンを訪ね
るというときジェニングスをお昼に誘い，二人で真ッ昼間からビールをやり始めた。そし
て４時間ほど今も忘れられない奇術談義をした。ちなみに，そのとき彼が演じたのが
Open Travelers であった。このときの議論で鮮明な記憶に残ったのは筆者が「サンフラン
シスコのピーター・バイロ（1933－2018）の楽しい奇術の演出に言及したとき，彼が「奇
術は観客を楽しませる必要などない。観客に不思議を体験させるのがその目的である。」
と断じたことである。筆者は黙ってしまったが，それから50年，このジェニングスの見解
には未だに賛成ができないのである。奇術が科学実験ならまるで教授の講義のようなジェ
ニングスのやり方も分かるが，筆者は奇術は種のあるエンタテインメントであるから観客
を楽しませる芸はそれが本道であると考えている。研究者としてはジェニングスの方が上
だったかもしれないが，エンタテイナーとしてはバイロの方が先を行っていたと思うので
ある。さて，夕方６時くらいになり，バーノンに再会するため共にマジックキャッスルに
向かった。ジェニングスは「帰りは送るよ。」と約束してくれた。ところがキャッスルで
バーノンとの再会を楽しみ，時間を過ごしてから帰路につこうとしたが何とジェニングス
が見当たらないのである。聞くと酩酊して帰ったという話である。これはいつものことで
誰も驚かない。仕方なく筆者はタクシーで宿所に帰ることとなった。そういう次第でジェ
ニングスだけはツーショットの写真がない。そこで写真はその著書から紹介させていただ
いた。この若いころの彼はまだ晩年に売り物にした髭は伸ばしていなかったのである。筆
者はいまでも髭のない彼の方がチャーミングだと思っている。

<Larry Jennings>

コントロール
(Control)

<table>
<tr><td>解 説</td><td>　カード奇術の中には「観客が選んだカードを当てる！」という演出の奇術が数多くあり，それらを我が国では「カード当て」と呼んでいるが，英語では「Take One」と呼ぶ。それは</td></tr>
</table>

「１枚取ってください」という表現をそのまま用語にしたものである。

「カード当て」を可能にするテクニックは主に次の三種類である。

(1) ロケーション（観客の選んだカードの位置を知る手法）

(2) コントロール（観客の選んだカードを特定の位置に密かに持って来る手法）

(3) フォース（観客に気づかれないように特定のカードを取らせる手法）

　この(2)に言及されているコントロールはカード奇術の技法の中で最もよく使われる重要な基本技法である。

　コントロールでは，通常，観客が選んだカードを一組の中に戻してカードを揃えてしまうが，そのカードを観客が分からないようにトップに持ってくるという方法が一般的であり，それを「Top Control」と呼んでいる。なお，観客のカードをボトムに持って来る方法を「Bottom Control」と呼ぶ。さらには，目的によって観客のカードをトップから２枚目に持って来るとか，あるいはボトムから４枚目に持って来るというような特殊なコントロールもある。

　通常はトップコントロールができればそれで十分であり，それを行った後に一組をシャフルする動作でそれをボトムに持って来ることができる。オーバー

ハンドシャフルやヒンズーシャフルなら一組
を右手に取りシャフルを始めるときrun（1
枚ずつ切る）をすればよい。

第1図

　また後述するダブルアンダーカットのよう
な方法を用いれば，さらに特殊な位置にカー
ドをコントロールすることもできる。カード
をコントロールするには，まず観客に一組の
中から任意のカードを取らせるところから仕事が始まる（第1図）。

　そして，それを選んだカードを見て覚えてもらったら，それを再び一組に戻
すときにブレークあるいはジョグという手法で，そのカードの位置を確認して
おくことが基本になる（ブレーク，ジョグに関してはブレークの章で詳しく解説する）。
そこから，観客に気づかれないようにそのカードをトップに持って来ることが
できれば，それがトップコントロールそのものである。

　そのようなコントロールの方法は大別して次に三種類に分類される。

⑴　PassあるいはShiftを用いる方法

⑵　Shuffleの動作で実行する方法

⑶　Cutの動作で実行する方法

　古くは⑴が主流であり，二十世紀になってからもダイ・バーノンは初期の頃
は他人にパスの練習を勧めていた時期があり，アンドラスはPanoramic Shift
と題する特殊なシフトの方法を開発して使ったりしていた。しかし，パスやシ
フトは完璧に実行するのがたいへん難しい技法であり，二十世紀の後半になる
とシャフルによるコントロールの方法が広く用いられるようになった。コント
ロールの目的にはかえってその方が動作の流れが自然であるとも言える。そし
て二十世紀の終わりに近づくとカットの動作でコントロールする方法が流行す
るようになり今日に至っている。

　パスとシフトについては別の機会に取りあげることとするので，以下では
シャフルによるコントロールとカットによるコントロールを解説する。なお，
ここで言及しておきたいのは，パスやシフトを用いてコントロールをしたとき

には，そのコントロールの後で，「念のため」と称してフォールスカットやフォールスシャフルをするのは禁物であるという点である。もしも，後でフォールスカットやフォールスシャフルをするのであれば，何も難しいパスやシフトをやる必要がないという理屈になる。というのは，パスやシフトの場合にはシャフルやカットをしないでもコントロールができるという点がその特色になっているからである。

オーバーハンドシャフルコントロール
(Overhand Shuffle Control)

このコントロールの方法はフォールスシャフルの章で解説した手法の応用である。

方　法	1　一組から観客が1枚のカードを選んだとしよう。
	2　術者は一組を持ち，オーバーハンドシャフルを始め「好きなときに止まれとおっしゃってください。」と言う（第2図）。

オーバーハンドシャフル
第2図

第3図

3　「止まれ！」がかかったらそこでシャフルを止めて，オーバーハンドシャフルの左手のカードの山の上に選んだカードを戻してもらう（第3図）。

4　そうしたら，シャフルを再開するのが，まず右手の山の上から3枚のカードをrun（1枚ずつ切る）し，4枚目をinjogする（第4図）。そして残りをshuffle-offする。

インジョグ

第4図

第5図

5　ここからは右手の拇指でインジョグのカードを上に押し上げてV字形のブ
　　レーク（分かれ目）を確保する（第5図）。そうしておいてシャフルを再び始
　　める。

6　そして，ブレークの上のカードを全部シャフルし終わったら右手の山から
　　3枚をランして，その後に右手の山を左手の山の上にポンと乗せてシャフル
　　を終える。

7　以上で観客から見ると選んだカードが一組とよく切り混ぜられたように見
　　えるが，実は選んだカードがトップに導かれる結果となる。

ヒンズーシャフルコントロール
(Hindu Shuffle Control)

これもフォールスシャフルの章で解説した手法の応用である。上記のオー
バーハンドシャフルによるコントロールは自然な動作の流れでこれという欠点
はないが，日本人観客から見るとオーバーハンドシャフルそのものが奇異に映
ることがある。そこで，筆者は日本人観客のための実演ではシャフルによるコ
ントロールにはヒンズーシャフルによる方法をお勧めする。

方 法

1　一組から観客が1枚のカードを選んだとしよう。

2　術者は一組を持ち，ヒンズーシャフルを始め「好きなとき
　　に止まれとおっしゃってください。」と言う（第6図）。

3　「止まれ！」がかかったらそこでシャフルを止めて，ヒンズーシャフルの

左手のカードの山の上に選んだカードを戻してもらう。

第6図

V字状の分かれ目

第7図

4　次に右手の山を左手の山の上に持って来るが，その二つの山を完全に揃えないで，二つの山の右側に右中指の肉を少し挟んで，その分れ目を保持しつつ（第7図）一組を右手に持って再びヒンズーシャフルを始める。

5　そして右手中指の分れ目の上のカードがなくなるまでシャフルを続けてそこでシャフルを終え，右手の山を左手の山の上にポンと置く。

6　以上で観客のカードがトップにコントロールされる。

3　リフルシャフルコントール
（Riffle Shuffle Control）

この方法は筆者が愛用している方法である。よく考えれば誰でもが考えつきそうな合理的な方法である。

方　法

1　この方法を使う場合には選んだカードを一組のカードに戻してそのカードの上に左手小指のブレークがあるところから出発すると仮定する。

2　この一組のカードをそのまま右手に取るが，ブレークの分れ目に右拇指の肉を挟むようにしてそれを保持する。

3　この一組の手前端の分れ目のところに左手の食指を差し込む（第8図）。そのまま右手を持ちあげると一組の上半分は右手で持ちあげられるが，下半分は自動的に180度回転して左手に収まる（第9図）。

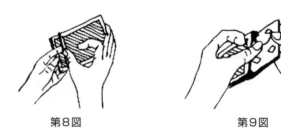

第8図　　　　　　　　　　第9図

そして両手がリフルシャフルの準備の体制になる（第10図）。

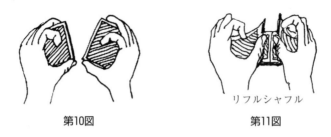

リフルシャフル

第10図　　　　　　　　　　第11図

4　ここからはごく普通にリフルシャフルを行う（第11図）。大切なことはただ
　一つ，最後のカード（一番上になる）が左の山になるということを覚えておく。
　最後のウォーターフォールは普通に実行してもなんら問題がない（第12図）。

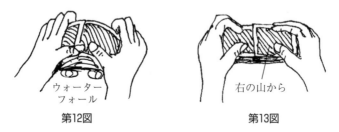

ウォーター
フォール　　　　　　　　　右の山から

第12図　　　　　　　　　　第13図

5　以上でシャフルが終わると観客のカードがトップに収まる。
6　必要であれば，同じリフルシャフルをもう１回実行するのもよい。そのと
　きは，最後のカードが右の山のカードになるように注意する必要がある（第
　13図）。

注1

　付け加えると，観客のカードの下にブレークがある状況で同じことをするとボトムコントロールができることがわかるであろう。その場合にはリフルシャフルの最初に落ちるカード（観客のカード）が左手の山からであることが肝要である。そして，このケースでは該当するカードが観客にチラつかないように動作の角度に注意をする必要がある。

トリプルカットコントロール
(Triple Cut Control)

　トリプルカットによるコントロールは動作が自然にみえ，技術的に難しいところがないという利点を持っている。

方　法	1　一組のカードの真ん中あたりで観客が選んだカードの上に左小指のブレークがあるところから考えよう。

2　右手でブレークより上のカードのその上半分を取り上げてそれをテーブルに置く。

3　次に，続けて右手でブレークの上のカードを取ってテーブルの山の上に乗せる。

4　最後に残るカードを右手に取ってテーブルの山の上に乗せる（第14図）。

トップコントロール

第14図

5　これでトップコントロールが完成する。

トリプルカットによるボトムコントロール
(Triple Cut Bottom Control)

　ボトムコントロールも同じ原理でよい。

方　法	1　一組のカードの真ん中あたりで観客の選んだカードの下に左小指のブレークがあるところから考える。

2　右手でブレークから上のカードを取りあげてテーブルに置く。

3 次に左手に残るカードのだいたい上半分を右手で取りあげて，それをテーブルの山に重ねる。

4 最後に，左手に残るカードを右手に取り，テーブルの上の山に重ねる（第15図）。

ボトムコントロール

5 これでボトムコントロールが完成する。

第15図

注2

トリプルカットには心理的に巧妙な内容が含まれている。というのは，これを二つ切りで実行することも物理的には可能なのであるが，そうすると観客が「カットによって必要なカードを必要な位置に持って来る作戦なのだろう」という疑いを抱く可能性が高くなる。ところがそれを三つ切りにするだけで，その疑いが生じにくくなるという効果がある。このことは無視できない要素である。

Double Undercut Control

左手に持っている一組のカードを右手でそのまま上から持ち，空いた左手で一組のカードの下半分くらいを取って左方向に抜き，それを一組の上に持って来て，カード全体を揃えるという動作をアンダーカットと呼ぶ。通常カードをカットするというと，①この方法と，②一組の上半分を右手に取ってテーブルに置き，さらに続けて残り半分を右手でテーブルの上の山に重ねるという動作が一般的である。さらにもう一つ③一組のカードをテーブルに置いておき，その上半分を右手に取って隣の位置に置き，さらに続けて残る半分を右手で取り，最初の山の上のポンと重ねるという方法もあるだろう。この三種類のカットはよくゲーム等でよく用いられるごく自然な動作であるが，それをそのまま活用して一組を二つに切る動作でコントロールをするのは誠に露骨で好ましくない方法となる。ところが上記のアンダーカットを2回に分けて実行すると，それだけで，そのような怪しい動作がごく無雑作で自然な動作に見えるようになる。このことに気づいたのがダイ・バーノンの偉いところである。この観客の心理の状況は上記トリプルカットも同じである。

それでは，ダブルアンダーカットの方法を説明しよう。

方法 　1　左手が持っている一組のカードの真ん中あたりに観客の
　　　　カードがあり，その真上に小指のブレークがあると仮定しよ
　　　　う。

2　右手の拇指を手前端に中指を向こう端に当ててその一組を挟み持つ。ただ
　し，ブレークは右拇指の腹の肉で保つ。

3　左手でブレークから下のカードのさらに
　下半分を取り左方向に引き，それを一組の
　トップに重ねる。この瞬間は持ってきた
　カードは右手のカードより左に2cm程度ず
　れていて構わない（第16図）。

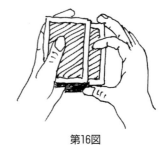

第16図

4　ここで，両手でカードを揃えつつブレー
　クはそのまま確保しておく。

5　次に今と同じ動作で，左手でブレークから下のカードを取って左に抜き，
　それを右手のカードの上に持って来て，カード全体を揃える。

6　以上で最初にブレークの真下にあった観客のカードはトップにコントロー
　ルされることになる。

7　この技法は1回でできるアンダーカットをわざわざ2回に分けて実行する
　という内容である。なお，多くの奇術家がこの二つの動作を「イチ，ニイ」
　と続けて行って澄ましているが，それは好ましくない。

　　筆者は2回のカットの間に時間を十分に取り，その間に雑談をするなど，
　間を作ることが大切であると考えている。「一度切ってみたが，まだ不十分
　かと思い直して，もう1回切った！」という印象を与える方がいいという考
　え方である。

ブレークの下のカードが少ない時の
ダブルアンダーカット

　バーノンのダブルアンダーカットは応用範囲の広い優れた技法であり，現代にカード奇術家はそれを多用している。例えばブレークが一組の真ん中あたりではなく，トップカードの真下にある場合にも応用が可能であり，その状況からダブルカットをするトップカード1枚だけがボトムに移動する結果となる。ところが，ブレークの下のカードを二分するのが特色の技法であるから，ブレークの下のカードが少ないとやりにくくなる性質があり，極端なボトムカードの真上にブレークがあるときには，この技法は物理的に不可能である。そのような状況でダブルカットの動作をしたい場合にはどうするのがいいだろうか。実際には，いろいろ工夫をしている人もあるが，筆者の研究の結果一番望ましい方法はサムベースのブレークを使う方法である。

　ボトムカードの真上に左小指がある場合を想定すると，まず，ブレークを左サムベースのブレークに切り替える（第17図）。

第17図

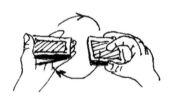

第18図

　この変則ブレークでは左手拇指の根元の掌部の肉をカードの間に挟むようにする。するとブレークを保ったまま真ん中あたりから上の半分を右手で右に引き，それを左手のカードの下に入れることができる（第18図）。そしてあらためてカードを整えつつブレークを守り，そこからもう一度同じ動作でブレークの上のカードを右手で右に引き，左手のカードの下に回す。これで目的が達成できる

注3

　この説明だとバーノンのダブルアンダーカットでは左手が主に動き，このダブルカッ
トでは，右手が主に動くように聞こえるが，両方とも両手が協力して仕事をしていると
考えた方がよいだろう。そのように両手を使うようにすれば，観客から見るとこの二つ
の技法は全く同じ動作に見えるはずである。

| 最後に |

　　　　　パスやシフトの場合と違って，ここに説明したシャフルや
カットの動作でコントロールをした場合には，その後で更に
フォールスカットやフォールシャフルをすることは問題がない。
そのような追加的動作は観客が選んだカードを演者がうまく操っているという
疑いを持たれる可能性を薄める役割を果たすことになるであろう。

8 マイク・スキナー（1940－1998）

マイク・スキナー，筆者，ダイ・バーノン
於いてLAマジックキャッスル　1969年

　1970年頃ダイ・バーノンを敬愛し，師を囲んでいた若手研究者としてはジェニングス，スキナー，それとブルース・サボン（1941－2007）が三羽烏という感じであった。三人ともエース4枚だけで演ずるフォアエースをレパートリーにしていた。サボンの方法はAero-Dynamic Acesと題し，高木重朗氏がそれを紹介したことがある。筆者はジェニングスのOpen Travelersが一番いいと感じている。バーノンはこの三人について「ジェニングスの研究はオーソドックスで基本に忠実である。スキナーは奇術をたいへんきちんと（neatlyに）演じるところ，そしてエンタテイナーとして人柄がとてもよい。サボンには『俺が，俺が！』というところが目立つ。」とコメントした。確かに観ていて心が休まるのがスキナーの演技のいいところである。
　あるとき来日し，たまたま筆者の母校の奇術愛好会の実演を観る機会があった。そのときある筆者の後輩がファンカードプロダクションズを演じたのを見て，いい演技だったとコメントした。筆者が実は自分の構成した手順（天海賞作品集の末尾に紹介した「出現させたファンは閉じてはいけない」という思想の手順）であると説明したところ，「そうだったか！」と喜んでくれた。

< Mike Skinner >

パ ー ム
(Palm)

| 解 説 | パームと言うのはカード奇術において大切な技法のなかでも代表格である。もともと「palm」というのは手のひらという意味であるが，奇術の世界では「手にものを隠し持つ手法」の意 |

味にも使われる言葉となっている。

　パームで大切なことは隠し持っているものが見えないこと，そして物理的に見えなくても何かを隠しているのではないかと疑われるような姿勢，動作がなく，合理的で自然に見えるようにすることである。多くの奇術家がこの技法を敬遠するのは，パームをしているとき心理的に引け目を感じているためである場合が多い。しかし，合理的な方法を実行すれば，何も恐れる必要はない。嘘をつくにも「狐」のようにオソルオソルが一番いけないのであって，「どこかの国の政治家」のように，なにくわぬ顔で堂々としていなければならない。この心の持ち方が大切である。パームを実行するにはそれに三つの段階があることを認識しなければならない。それは次の三要素である。

(1)　一組のカードから目的のカードをパームの位置に持って来る動作（steal）

(2)　カードを隠し持っていること（palm）

(3)　パームしていたカードを一組に戻す動作（replacement）

　ところでパームにはよく用いられるいくつかの種類があり，それぞれに特色がある。以下に観客の視線の反対側から見た手の姿をご覧にいれ，各々のパー

ムの特色をご理解いただきたい。

① Ordinary Palm（写真1）

　最も基本的なパームである。カードを支えている
のは2点，小指の先の関節とサムベース（拇指の付
け根の肉）である。4本指は間があかないように注
意することが肝要である。拇指は先が中指に触りそ
うであるが，それが一番手の姿が怪しく見えない位
置である。

写真1

② Gambler's Palm（写真2）

　通常，一組を持った左手の底のカードをそのまま
左手に隠し持つようにこのパームを行う。手がリ
ラックスした姿勢を取りやすいが，小指側にカード
が少し顔をのぞかせているパーム法なので，角度や
姿勢に細心の注意を払う必要がある。

写真2

③ Flat Palm（写真3）

　オーディナリパームに似ているが，カード
は拇指と小指に挟まれた状態で保持される。
このパームでは5本の指をピントと伸ばすこ
とができる。但し指と指の間は詰めておく必
要がある。

写真3

④ Rear Palm（写真4）

　この特殊なパームのためには，通常，オーディナリパームから中指，薬指を
曲げてカードの位置をこのパームの位置に移動するのが一般的である。この
パームではカードが手の掌部に完全に隠されているので，指を自在に伸ばした

り，開いたりすることができる。カードは掌部
の肉の摩擦で保持される。

　このパームでは，拇指の根元に近い隅が観客
に見られる危険があり，パームするのはよいが，
それを次にどう処理するかも問題となる。

写真4

⑤　Tenkai Palm（写真5）

　リアパームよりカードの位置が，拇指側に寄っているのでその反対側は掌部
に収まった状態になる。天海師はこのパームを舞台向きに開発したようである
が，テーブルのマジックでもよく使用しておられた。カードは拇指の関節と掌
部によって支えられるが，カードが拇指側に
かなり突き出しているので，やや左半身に構
え気味にして，手を上手に使わないとカード
が見えてしまう可能性がある。このパームの
利点は何も持っていない手のリラックスした
表情がうまく表現される点にある。天海師の
無雑作な手の姿に観客が随分騙されたもので
ある。

写真5

⑥　Lateral Palm（写真6）

　このパームは中指を丸めて，カードの向こ
う端を持つ方法である。中指の根元側のサイ
ドは掌部によく収まっている。スエーデンの
奇才レナートグリーンのスナップディールで
はこのパームが活用されている。

写真6

⑦ Back Palm（写真7，写真8）

これは手のひら側ではなく反対に手の甲のところでカードを隠す技法であるが，この方法はテーブルマジックではほとんど使われない。写真7が手の裏から見た姿であるが，写真8がそれを舞台前の観客席から見た姿である。

写真7　　　　　　　　　　　写真8

⑧ Front Palm（写真9）

また，写真8から手を返して甲を見せるようにしつつパームを掌側に移動する手法もあり，このパームをフロントパームと呼ぶ（写真9）。

写真9

さらには，舞台では数枚のカードをバックパームしておき，拇指を使ってそれを1枚ずつ出現させたり，消したりする演技が行われているが，二十世紀の前半にカーディニが数十枚のカードをバックパームしておき，それを何回かに分けて扇状に広げて出現させるファンカードプロダクションズと呼ばれる奇術を得意として有名になったことが知られている。

上記の写真と解説で各々のパームの特性がお分かりいただけると思うが，次にスチールの方法を整理しておく。

トップパーム（Top Palm）

| 方 法 | 1 一組のカードを左手に配り手の持ち方で保持し，右手を上から添えているところから出発する（第1図）。そこからトップカードを右手にパームする方法を検討しよう。かつては， |

トップパームというと左手のトップカードをやや浮かせて，そのカードに右手を押しつけてパームするのが普通であったが，現代ではこの「カードをお迎えに行く方法」は適当ではないとされている。それはバーノンが「お迎えに行かなくてもカードの方から手に飛びこんで来る方法」を開発したからである。

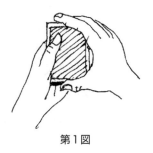

第1図

第2図

2 まず，右手の陰で左拇指を使ってトップカードを時計の逆方向に回転させる。その角度は10度で十分である。その結果，カードの向こう端の右の方が，向こう方向に突き出すようになる（第2図）。

3 次に，右手の小指から薬指，中指も動員し，その向こう側に突き出した部分を下向きに押すように力を入れる。すると梃子の原理で，トップカードが上にめくれようとする力が働く（第3図）。ただし，このとき左拇指がその上にめくれる力を押さえこんでいる状態になる。

第3図

右手を
省略した姿

第4図

4　そうしたら，その左拇指をトップカードの中央から左上隅に静かに移動する（第4図）。その結果，拇指がカードを押さえていたブレーキの役割を放棄する結果となり，押さえを失ったトップカードは自ずとめくり上がって，真上に位置する右手の中に飛び込んで来ることになる（第5図）。

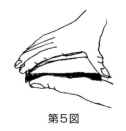

第5図

第6図

5　これがバーノンの勧めるトップパームの方法である。なお，カードが予定の位置に収まったらば，右手の食指の先を曲げてその指先が一組の向こう端ではなくカードの上の面に休む格好になるように指の位置を変える。それを観客側から見たのが第6図であり，この食指がその右手にカードを隠しているのではないかという疑いを否定する役割を演ずることになる。

2 片手パーム（One Hand Palm）

方　法

1　上記のトップパームは練習でそれに慣れればさほど難しい方法ではない。一方，ここに参考のため解説するワンハンドトップパームの方法は，最初には難しいように感ずるであろうが，慣れると上記の方法より易しい意味がある。それはパームが片手でで

きるからである。

2　一組のカードを右手で持つところから動作が始まる。このときの指の位置は拇指が手前の左隅近く，その他四指が向こう端である（第7図）。

3　原理的にこの方法では左手は何も仕事がない。

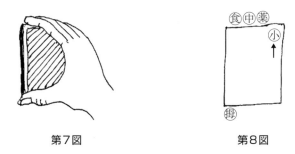

第7図　　　　　　　　　　第8図

4　まず，カードを持つのに右手の拇指と食指に力を集中し，小指は緩める。そしてその小指で一組のトップカードの右上隅を向こう方向に押し出すようにする（第8図）。どのくらい押し出すかというと，せいぜい5mm程度で十分である。

5　そこから小指の力の方向を水平の向こう方向ではなく，垂直の真下の方向に切り替える。すると梃子の働きでトップカードがめくれて，右手の中に飛び込んで来るようになる（第9図）。

6　このワンハンドパームは舞台芸では大変都合がよい。一方，テーブルマジックでは左手がただ遊んでいるのは不自然であるから，話に合わせてジェスチャーに使うなど，何らかの役割を考慮すべきである。

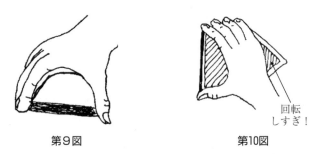

第9図　　　　　　　　　第10図

回転
しすぎ！

7　この方法を練習すると必ず一度は誰でもが遭遇するトラブルは，パームし
　　ようとしたカードが確かにめくりあがって来るのだが，その位置が右手の
　　パームの位置より30〜45度小指の方に行きすぎてしまうというトラブルであ
　　る（第10図）。

　　このトラブルを避けるためのコツが二つある。その一つはカードが行きた
　　がる方向に右手の方を寄せてやるという工夫であり，もう一つは右小指の
　　トップカードを押す動作をはっきりと二つに分けて，向こう方向に押す準備
　　動作と，下方向に押す動作との指の位置を微調整することである。

３　ボトムパーム（Bottom Palm）

方　法

1　ボトムパームは一組のボトムにあるカードを左手にオー
ディナリパームする手法である。

2　左手に一組を持ち，右手を上に添えるが，この場合には，
右手の四指が一組の前をよく覆うように構える（第11図）。

3　この状況では，左手の四指が一組の底で自由に動けるようになっているの
　　で，中指でボトムカードを右方向に押し出すことができる。その動きは観客
　　からも術者からも全く見えない。

第11図　　　　　　　　　　第12図

4　この左手食指，中指がボトムカードを右方向に押すときに，そのカードの
　　右上に右小指を当てておくとカードは時計の反対回りにやや回転し，約45度
　　の回転の結果，カードが丁度右手の真下に来ることになる（第12図）。この動

作は後述するボトムスチールのハンドリングに利用される。

5　一方，右手拇指をカードの左下に当てておくという方法がある。このようにすると今度はボトムカードが反対に時計方向に回転する（第13図）。

6　そうしたら，カードが45度ほど回転したところで左手の食指，中指を伸ばすと，そのカードを左手でパームの位置に掴み取ることができるようになるだろう。

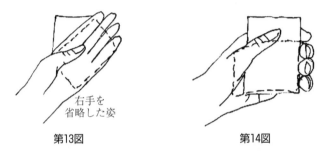

右手を
省略した姿

第13図　　　　　　　　　　　　第14図

7　最後にそのボトムカードを完全に左手でパームした状態にして，カードを真横の向きにして，その上に一組のカードを乗せて保持する（第14図）。これで目的のボトムパームは完了である。

 ## ボトムスチール（Bottom Steal）

方　法

1　ボトムカードを左手にパームするのがボトムパームであるが，ボトムカードを右手にパームする手法もあり，その方法を通常ボトムスチールと呼ぶ。

2　カードの持ち方はボトムパームと同じであり，左手の食指，中指でカードを右方向に押すところも同じである。ただし，ボトムスチールでは右手小指がカードの動きを制限するので，ボトムカードは時計と逆の向きに回転し，その角度が45度くらいに到達すると，そのカードは右手のパームの位置に一致するので，そのカードをさらに左手の食指，中指で右手の掌部に押しつけて，右手はそれをオーディナリパームに確保する（第15図）。

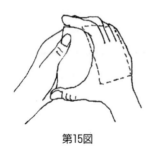

右手を省略した姿
小指がカードを右へ押す

第15図　　　　　　　　第16図

3　なおボトム1枚でなく，ボトム数枚を同じように右手にパームする方もある。その場合には，パームすべきカードの上に左小指ブレークを準備し，左手食指，中指でカードを押して回転させる代わりに，左小指をブレークから下のカードの手前端に当てて，それを右方向に動かすのである（第16図）。

5 サイドスチール（Side Steal）

方 法　1　ボトムスチールのハンドリングの動作を応用すると，一組の真ん中あたりにあるカードを右手にパームすることも可能であり，それをサイドスチールと呼ぶ。

2　この場合には，一組の真ん中あたりに小指のブレークがあり，そのブレークの真上のカードを右手にパームするようになる。

3　サイドスチールでは動作は，まずブレークの左小指を右に抜きながら，その指先の摩擦でブレークの真上の1枚を右方向に回転することから始まる（第17図）。

4　そして，カードをさらに左食指，中指で右手の掌部に押しつけて，右手はそれをオーディナリパームに確保する。

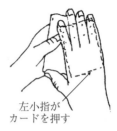

左小指が
カードを押す

第17図

左手の片手パーム（One Hand Left Hand Palm）

方　法　1　密かにトップカードを左手にパームする方法もある。特殊な技法ではあるが，この技法が効果を発揮する場面はよくある。この方法を実行したいときには一組のカードを左手に持つとき，左手が普通の配り手の持ち方よりも数cm手前に位置するように保持する（第18図）。

第18図

第19図

2　ここから，右手で一組を掴み取りに行く。その位置はカードの上端の近くである。そのとき，左手拇指でトップカードを右に回転させる（第19図）。

3　ここから右手で一組を右に引いて取り，左手はしっかりとトップカードをパームする（第20図）。

第20図

 ギャンブラーズパーム（Gambler's Palm）

方　法　1　ボトムカードを左手にギャンブラーズパームする動作を解説する。

2　カードを左手の掌部に持ち，左手中指をボトムカードの右

上の隅に当てて，その指でカードを左方向に引く。するとボトムカードが反って，下から2枚目のカードと分離する（第21図）。

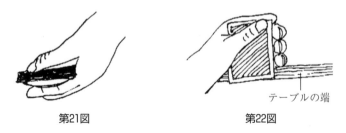

テーブルの端

第21図　　　　　　第22図

3　そのまま左手の甲が観客を向くようにして手をテーブルの端に休ませて，同時に一組を右手に取る。このときギャンブラーズパームで観客の目に触れやすい小指側が丁度テーブルの陰になる（第22図）。これは筆者がギャンブラーズパームを利用するときによく使う作戦である。

8　天海パーム（Tenkai Palm）

方　法

1　天海パームはいろいろな状況で使われが，ここにはその代表的な動作を解説する。まず，ダブルリフトで1枚と思わせて実は2枚のカードを取り，それが左手の掌に静かに置かれているとする。一組はテーブルの真ん中あたりに置いてあると仮定しよう。

2　右手で左手の2枚の手前をつまみ持つ。4本指がカードの手前端の上の面を支え，拇指がカードの左下隅の下の面を支える（第23図）。そのままカードを縦方向に表返ししてそれを左手掌に置く（第24図）。

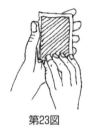

第23図　　　　　　第24図

3　次に同じ動作で2枚を裏向きに戻そうとするが，このとき，術者は身体を
やや左半身にする必要がある。これは天海パームをテーブル上のカード奇術
で使う場合の鉄則である。

4　この動作のときが天海パームのタイミングである。どういう指使いをする
かというと，2枚のカードが裏向きにされた瞬間に，拇指を左に押し出すよ
うにして2枚を分離し，左に押し出されたカードを左手が受け取り，右に
残ったもう1枚は右中指を握るような動作でそのカードが右手に収まるよう
に仕向ける（第25図）。その目的とする最終の右手の姿は写真4である。天海
パームされたカードはかなり拇指の方に突き出している。ただし，それは半
身に構えた術者の右手の陰になっている。

5　左手のカードの表を観客に示し，カードが変わったことを示す。

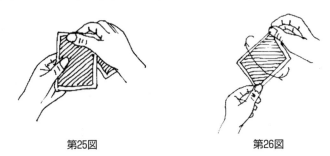

第25図　　　　　　　　　　　　第26図

6　ここから天海パームされたカードを処理する必要があるが，標準的な作戦
の一つは左手のカードを裏向きにして保持し，その上に右手の天海パームの
カードを重ねてしまうというものである。重ねたら，右手で2枚の左上隅を
持ち，対角の右下隅を左手で持ち，2枚をあたかも1枚であるかのようにく
るくる回す動作を行う（第26図）。

7　最後にそのままカードをテーブルの上の一組に乗せてよく揃えてしまう。

ラテラルパーム（Lateral Palm）

方　法

1　レナートグリーンはスナップディールというユニークな手法を開発し，カードをテーブルに置くとその場で消えてしまうという奇術を演出しているが，筆者はその利用法はあまりに直接的で露骨な印象であり，使い方としてはもったいないのではないかと感じている。そこで，原案より間接的な利用法を提案してみたい。

2　左手に一組を持ち，術者は左半身に構え，右手で上からカードを1枚ずつ取りあげて，テーブルの上にバラバラにおいていく。そして途中でストップをかけてもらう。

3　ストップのかかったところで，そのタイミングで右手に持っているカードの表をよく見せる。このときのカードの持ち方であるが，右手の拇指と食指でカードの上をつまむ感じがよい（第27図）。

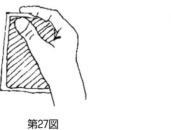

第27図

中指

食指を上に動かして
カードをはじく

第28図

4　次にその見せたカードをテーブルのバラバラのカードのところに置く動作を行う。このとき，右手の食指の先でカードの左上隅を上に反らせてはじきパチという音を立てる。そしてそのカードの左上隅に右中指を掛けてカードを保持する（第28図）。

　以上の操作の結果，カードは右手中指に沿って保持された状態になる。これがラテラルパームである（写真6参照）。術者が半身に構えた結果，カードは100％右手の陰になり，観客はパチという音に騙されて，カードがテープ

ルに置かれたものと早合点する。それスナップディールの成果である。

5　ここまで来たら，右手にラテラルパームされたカードを密かに左手のカードの上にそっと置き，空いた右手で今置いたばかりと思わせた位置のカードをめくってそれが別のカードに変わったことを示す。

6　右手で左手のカードのトップをめくって見せるとそれがテーブルに置いたはずのカードであることがわかる。

7　グリーンはカードを次々にテーブルに置くように見せかけつつ，カードをドンドン重ねて右手にラテラルパームしていくような方法を多用している。ちなみにグリーンは北欧人の特色で手が非常に大きい。日本人から見るとグローブのような手だという人もある。そのため，カードを反らすことなくカードの向こう端を中指の根元と，指先の間に収めることができるようだ。筆者は日本人としては手の大きい方であるが，カードをそのように保持しようとするとカードは大きく反ってしまう。そのためカードの右上隅を中指と食指の間の根元に挟みこむようにしている。

トップリプレースメント（Top Replacement）

方　法

1　パームしているカードを一組に戻す動作の重要性に注意を促したのは高木重朗師であった。多くの演者が右手を一組の上に接近させてパームしていたカードを一組に戻すことで満足しているが，高木師はパームするときに「カードをお迎えに行かない」という配慮と同じで，カードを戻すときには「カードをお見送りしない」という配慮が必要であると指摘された。そのために使える方法を解説しておく。左手に一組を普通に持ち，カードをパームした右手がその上に添えられた場面を考えよう。この瞬間は右手の掌は左手のカードからかなり離れている。そこでこの左手の拇指と中指をのばして，右手のパームされたカードの左側と右側を挟み持つようにする（第29図）。

左拇指と中指が
パームしたカードをつかむ
第29図

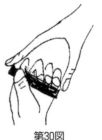

第30図

2 そうしたら，左手の中指を握るようにして
パームしていたカードで一組のトップに揃え
てしまう（第30図）。

3 続けて右食指を丸めて一組の上に当てて，
右拇指でカードの手前端を下から上に向かっ
てリフル（パラパラとはじく動作）する（第31
図）。

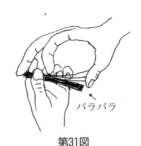

パラパラ

第31図

⑪ ボトムリプレースメント
(Bottom Replacement)

方　法

1 左手にパームされているカードを一組のボトムに戻す場合
のリプレースメントの方法を紹介しておく。まず，左手の上
に右手で一組カードを置く（第32図）。このタイミングでは
カードが直角になっている（第14図参照）。

第32図

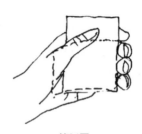

第14図

2　ここからまず右手の陰で，左手の四指の握る力を完全に抜くようにする。するとパームされたカードが時計の逆方向にやや回転する。

3　そこで右手中指，薬指，小指を曲げてそのカードを確保する（第33図）。ここで有力なミスディレクションはカードを右手で持ち，左手の掌でカードの左側を向こうから手前に向かって一擦りする動作である（第34図）。

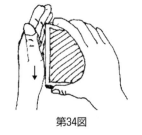

第33図　　　　　　　　　第34図

4　そうしたら，左手の中指，薬指，小指でカード全体を掴むようにしてパームしていたカードを一組のボトムに揃えてしまう。そうして，カードを左手に持ち，右手の中指でカードの向こう端を左から右に向かって一擦りする（第35図）。

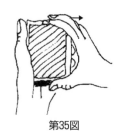

第35図

パームに関わるミスディレクション

最後にパームしている手の自然さを強調するミスディレクションの工夫について触れておく。

高木重朗師が提案した方法でお勧めなのは両手でネクタイを締めつける日常の動作を行うという案である（第36図）。また，咳をしながら，パームしている手を無意識で口に当てるという芝居をする妙案もお示しくだされた（第37図）。どちらもなかなか優れた方法であるが，あまり頻繁に使うのには問題がある。

第36図

第37図

　普通にしていると，パームしている手をどこにどう置いたらいいか悩むことがあるが，そういうときに筆者がお勧めするのは左手をテーブルに休ませて，カードをパームした右手をそれに軽くそっと無雑作に乗せておくという作戦である（第38図）。

第38図

第39図

　筆者が初めてダイ・バーノンにお会いしたとき見せてもらい，勧められたのはパームした手でテーブルの右側は何気なくつかんでいる姿勢であった。なるほど，観ているとこの手は空に見える（第39図）。

フォース
(Forcing)

解 説	奇術師が最も重宝している技法にForcingまたはForceと呼ばれるたいへん便利な技法がある。それは観客に一組の中から自由に1枚のカードを選ばせるように見せかけて，実は演者が

あらかじめ「これ！」と決めていたカードが選ばれるように仕向ける方法である。このフォースにはいろいろな方法がこれまでに開発されてきた。それらを整理してみると次のような種類に分類される。

(1)　Classic Force

(2)　Mathematical Force

(3)　With Gimmick Force

(4)　Technical Force

　ここでは，実演で使うに値する方法に限定して解説しておきたい。

 ## クラシックフォース (Classic Force)

　クラシックフォースは演者が一組のカードを両手の間に普通に広げていき，そこから1人の観客に1枚のカードを取らせるという方法であり，どうみても演者が選ぶカードを特定したようには見えない。したがって，上手くいった場合には最も自然で説得力のある方法であることは間違いない。筆者は20歳代の

頃にクラシックフォースの方法を学び，盛んに使用してカード奇術を実演していた。使っていると慣れもあり，その成功率が高くなるが，クラシックフォースは常に100％上手くいくとは言えない性質の技法である。観客が，奇術が失敗することを目的に悪意を持って演技の邪魔をしようとすれば，クラシックフォースしようとした目的のカード以外のカードを選ぶことが常に可能だからである。ここではクラシックフォースの解説は省略する。

 ## 数理フォース（Mathematical Force）

　数理フォースには色々な案が提案されているがあまりいい方法が見当たらない。

　筆者が開発した方法を一つだけ紹介する。

方 法	1　サイコロを使う。 2　フォースしたいカードは一組の上から15枚目にセットしておく。

3　一組を取り出したら，一回フォールスカットをしておくのがいいだろう。

4　ここでサイコロを振らせる。何の目が出ても差し支えない。

5　ここでカードを手に取ってもらい，テーブルのサイコロの外に面する4面の数字だけカードを一組の上からテーブルに置いて行ってもらう。

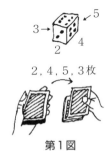

2，4，5，3枚

　例えば周りが2，4，5，3であれば，2枚，4枚，5枚，3枚の順でカードをテーブルの置くことになるだろう（第1図）。

第1図

6　そうしたら手に残るカードの一番上のカードを取ってそれを見て名前を，覚えてもらう。それは必ずフォースカードになる。サイコロで上面，下面の合計が7であることは誰でも知っているが，

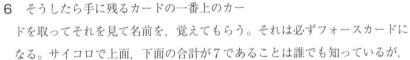

周りの合計が14であることは気づかないものである。

種を利用するフォース（With Gimmick Force）

　次に説明するフォースは筆者が常用する方法であるが，見た目が自然で，大変実用的な方法である。活用するのはダブルバックカード１枚である。バイシクルではダブルバックカードを売っているが，手に入りにくい場合には簡単に作ることができる。このダブルバックカードは観客の目には触れるが，観客が触る場面はないので，２枚のカードの表面同士を接着剤で貼り合わせたもので十分である。同じ原理の方法を使っている奇術家もあるようだが，以下の説明ではハンドリングにも十分な配慮がなされていることに注目いただきたい。

方　法　　1　フォースすべきカードは１枚でなく２枚，３枚というような複数でも構わない，仮に２枚をフォースする必要があり，それがダイヤの２とハートのQであると仮定しよう。

2　この場合，一組のトップからダブルバックカード，表向きのハートのQ，表向きのダイヤの２の順にセットを行う。それ以下は普通の裏向きのカードのままである（第2図）。

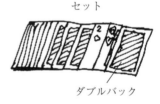

セット

ダブルバック

第2図

3　最初に一組のカードを左手に持ち，トップを乱さないフォールスシャフルを実行したい。ただし，その場合，表向きのカードがチラつく心配がある。そこでお勧めするのは一組を一旦表返しして左手に持ち，右手で一組の真ん中あたりの20枚くらいを引き抜いてヒンズーシャフルする方法である。これなら一番下の部分は触らない。それが終わったら，一組を再び裏向きに戻す。

4　左手の掌に一組を乗せた状態で，右手を出して，その拇指と中指でカードを前後から挟み持つときの姿を作り，「それでは，お客様はこのように右手

をお使いになり，この一組のカードの上から
1／3でも1／2でも2／3でも結構ですか
ら，適当な量のカードを持ちあげて，ここ
（右手の掌を上に向けて見せる）に置いてくだ
さい。」とお願いする（第3図）。

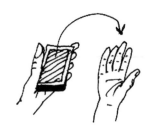

第3図

5　この動作とお願いの仕方が一番表向きの
カードがチラつくリスクが少ないのである。

というのは，観客はカードを持ちあげるとすぐに術者の右手に乗せるからで
ある。

6　観客が適当量のカードを持ちあげて術者の右手に置いたらば，直ぐにその
カードを180度クルリと返して左手の残りのカードの上の重ねてしまう（第
4図）。

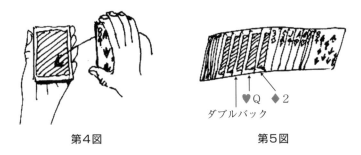

第4図　　　　　　　　　　　　　第5図

7　そして間髪入れず，その一組を右手に持って，テーブルの上に帯状に広げ
る。すると，約下半分は裏向き，その上の半分は表向きであることがわかる
（第5図）。

8　そこで帯状のカードのうち，裏向きの最初のカードを観客に取ってもらう。
これで最初のダイヤの2のフォースには100％成功する。

9　2枚目のフォースの準備であるが，表向きの山を元の位置に戻して一組を
一旦揃えて，それを両手の間に広げる。そして，上かカードを繰っていき，
表向きのカードを全部右手に取り，さらに裏向きのカード数枚を広げる。そ
してこの時点では裏向きの最初のカードはハートのQ，2枚目がダブルバッ

クになっているから，そのダブルバックの下に左小指のブレークを作りなが
ら，カードを揃え，直ぐに右手でブレークから上のカード全部を裏返しする。
すると最初のセットの状態に戻る。

10　2枚目のカードの選ばせ方は1枚目と同じ手続きである。

4　技術的フォース（Technical Force）

筆者が愛用のお勧めの方法を二種類解説する。

(1)　カルフォース（Cull Force）

方　法

1　筆者が50年以上前に開発し，現在でもしばしば利用してい
る方法である。
選ばれるべきフォースカードは一組のボトムに準備する。

2　左手に一組のカードを配り手の持ち方で持つ。

3　右手で物を指さす形を作り，「右手をこのように構えてください。」と言う。

4　左手の持っているカードの上に右手を添えて，まず左拇指でトップカード
を右方向に3cmくらい押し出す。そして，同時に左手中指でボトムのカード
を右方向に3cmくらい押し出す。ただし，そのカードは右手の陰になってい
て観客からは見えない（第6図）。

第6図　　　　　　　　第7図

5　「これからカードを両手の間に広げますので，お好きなカードに指で触っ
てください。」とお願いする。その間に両手の持ち方を調整する。どうする

かというと，右手の拇指と食指でトップカードを挟み持ちながら，中指でボトムカードの向こう端を持つようにするのである（第7図）。このときの右手
のカードの持ち方はラテラルパームと同じ指
使いである（第8図）。カードは中指で保持さ
れていて，カードの右面は掌部に埋まってい
る。そして，そのカードはそれ以外のカード
の陰になっている。

ラテラル
パーム

第8図

6　ここから左手拇指でカードを上から次々に
　右に右にと繰っていき，右手がそれを受ける
　（第9図）。最初のボトムカードはその陰に隠れたままである。

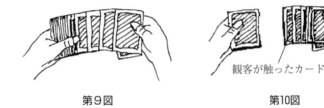

観客が触ったカード

第9図　　　　　　　　　　　　第10図

7　観客が1枚のカードに触ったら，それを右手のカードと一緒にとり，それ
　より下のカードを左手に持ったまま左手をやや離す（第10図）。このとき左手
　の山はだいたい揃っているが，右手のカードは広がったままであり，指さし
　たカードが一番左（観客から見ると右）に見えている状態である。

8　ここからの動作が巧妙である。まず，水平に持っていた左手を時計方向に
　90度回転させ，一番上のカードの表面が右を向くようにする。

9　そうしたらその一番上のカードの表面で右手の山を右方向に押すようにす
　る。すると，やや広がっていたカードがだいたい揃ってしまう結果となるが，
　そのときフォースカードは右手の山のボトムになってしまう。この作戦の目
　的はCullに似ている。

10　ここまで来たら，右手を上げて，持っている山のボトムを観客によく見せ
　る。観客はそれが自分が指さしたカードだと錯覚するが実はそれはフォース

カードにすり替わっている。

11 観客がカードを見て覚えたら，術者は右手の山を左手の山に重ねる。

(2) ストップアンドディールフォース（Stop and Deal Force）

方法 1 これは厚かましい技法であるが，かえって，それが理由で観客にとって違和感のない自然に見える方法になっている。

この技法を始めてご覧になったトランプマンは，たいへん自然で効果的な技法であると評価くださった。フォースカードは一組のトップに準備する。

2 左手に一組を配り手の持ち方で持つ。

3 そして左手拇指でトップのカードを右方向に押し出してそれを右手に普通に取る。

4 そして，さらに次々とカードを左拇指で押し出しては右手がそれを受取る。ただし，この技法では，カードの順が狂わないようにカードを右手に渡していく要領である（第11図）。

5 そして，観客に好きなタイミングで1枚のカードに触ってもらうか，あるいは「止まれ」と言ってもらう。「止まれ！」がかかったら，そこで動作を止める。そして左右の手を一旦7㎝くらい離す。選ばれたカードはこの時点では左手の山のトップになっている。

第11図　　　　　　　　第12図

6 このとき左手は拇指がカードを1枚押し出したままの姿であり，右手はそれまでに取ったカードをほぼ揃えて持っている（第12図）。

7 ここからがこの技法の大胆で巧妙な動作であるが，右手を左手の山に近づ

けて，左拇指が右に押し出したカードの表面を右拇指で押さえる。そしてそのカードを右手の山の一番上に取るように装い，実際には右拇指はカードを静かに擦るだけでそのカードを取ることはしない。なお，この動作は堂々とゆっくり実行する方がよい。

8 そしてカードを取った振りをしている右手をテーブルのところに持って来て，拇指で山のトップカードを左に押し出してテーブルの上に置くようにする（第13図）。このとき，左手で取らなかったカードを元の位置に戻す必要はない。それをやらない方が自然に見えるからである。

テーブルに
置く

第13図

9 続けて右手の山を左手の山の上に重ね，そのカード全体を右手に取ってそれを堂々とテーブルの手前に置く。

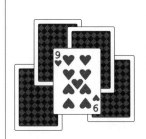

技 法 編

フォールスカウント
(False Count)

| 解　説 |

　　　カードの枚数を数えるが，その数を偽って勘定するという便利な技法がある。大別すると①枚数を少なく数える方法（例えば7枚を5枚に数える），②枚数を多く数える方法（例えば5枚を7枚に数える）③それ以外の嘘の数え方に分類される。

　ここでは，①について説明する。最も原始的な方法を，7枚をあたかも5枚に見せる数え方を例に取りあげよう。まず，7枚を左手に配り手の持ち方で保持し，そこから左拇指で一番上の1枚を右方向に押出して，それを右手で受け取る（第1図）。

2枚目

リバースカウント

第1図　　　　　　　　　　　　　第2図

　この動作がカードを数えるときの最も普通の動作である。続けて同じ動作で2枚目を左手拇指で右に押し出して，それを右手で取る。①このとき，1枚目の上に2枚目を取る数え方を「リバースカウント」と呼ぶ（第2図）。それはこ

217

の動作を続けると数え終わったときカードの順序が上下逆になるからである。
②もう一つは1枚目の下に2枚目を取る数え方であり，それは「レギュラーカウント」と呼ぶ（第3図）。ここで次々と4枚目まで「レギュラーカウント」で数えたとしよう。ここまで来ると左手のカードは残り3枚となる。そこでこの3枚がずれないように十分注意し，わざと左手の拇指と中指だけで挟み持ち，他の3本の指は伸ばしておく（第4図）。

2枚目

通常のカウント

第3図

拇指と中指で持つ

第4図

そして左手手首を時計方向に180度回転してカードの表が術者の方を向くように構える（第5図）。それが終わったら左手を元の姿勢に戻して，持っている3枚を揃えたまま，それを5枚目として右手に手渡す。この一連の数え方は最も原始的なフォールスカウントであるが，それでは説得力が足りないという意見があるだろう。

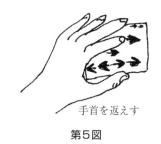

手首を返えす

第5図

バックルカウント（Buckle Count）

解 説

上記の思想から，「バックルカウント」という手法が提案された。それは，7枚を5枚に数えるケースでいうと，最後の5枚目のとき3枚を1枚のように見せかける作戦ではなく，最後の1枚前に当たる4枚目のときに最後のための1枚を残して，3枚を1枚のご

とく右手に取ってしまうという作戦である。これがうまくいくと最後の1枚が公明正大に見せられるので，観客はそれを見て安心し，よもや最後から2枚目のときカードを沢山取ったとは思わないということになる。誠に巧妙な作戦である。

このバックルカウントのためにはカードの山を左手に持ちながら，最後から2枚目のタイミングで最後のカードを左手の指で反らせることによってカードのずれを作り，そのずれよりも上のカード数枚をあたかも1枚のように右手に取ってしまうという作戦を取る。

その方法にはいろいろな提案があった。最も易しい方法は左手の食指でボトムカードを反らせる方法である（第6図）。この方法は易しいが，カードを反らせる指の動きが丸見えになるという欠点があった。そこで，左手の薬指，小指でカードを反らせるという代案が提案された（第7図）。

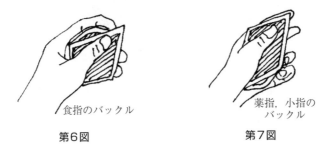

食指のバックル

第6図

薬指，小指の
バックル

第7図

これはカードが反るところが見えにくいという利点があるが，指の力が入りにくくバックルが簡単ではないという問題があった。一方，我が国一流のプロとして日米で活躍された石田天海師はこのボトムカードを反らせる動作を左手中指だけで行い，しかも指を曲げる方向を左向きでなく手前向きにするという賢い案を考案された。その力の方向を第8図に示そう。力は第6図の食指のようにAの方向に向かうのでなく，Bの方向に弧を描くように働かせるのである。

A

第8図

その指使いを第9図に示す。

中指のバックル
第9図

　なお，Buckle Countの見せ方としては次の扱いを考えるとよい。

　①一つはカードを水平に持ち，カードの上の面が観客の見えるようにカウントを行う方法である。その場合，カードを次々に右手の取っていくのが普通である（第10図）。②また，右手で取ったカードを1枚ずつテーブルの置いていくという扱いもある。③さらには，カードを1枚ずつ右手に取りつつ，それを表向きにしてテーブルに置いていく方法がある（第11図）。

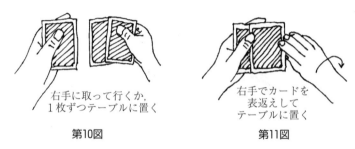

右手に取って行くか，
1枚ずつテーブルに置く

第10図

右手でカードを
表返えして
テーブルに置く

第11図

　この②③の場合には，最後から2枚目のタイミングで，複数枚のカードをあたかも1枚のように右手に取った瞬間に，左手の残った1枚をひらりと返すなどでそこに観客の注意を引き，その間に目立たないように右手のカードをテーブルにそっと置くという作戦が有力である。

　小舞台などでは，手を下げて普通に数えるか，あるいは左半身に構えて手を左方向に差し伸べて手の動作を演者と観客が同じ視線で観るという方法があるが，それはあまりお勧めできない。④一番自然なのは両手を真正面にしてカードを垂直に保持して，数える方法である（第12図）。ただし，この場合にはカー

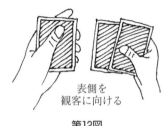

表側を
観客に向ける

第12図

ドをバックルする指が目立たないように配慮する必要があるだろう。

 ## プッシュオフカウント（Push-off Count）

Buckle Countと同じ目的を果たす新しいカウントにPush-off Countという優れた技法がある。これはダイ・バーノンの発案とされている。この方法は，ボトムのカードを反らせる（バックル）代わりに，左拇指でボトムより上のカード全体を一括あたかも1枚の如く右方向に押し出すという手法である。そのためには最初にカードを保持するとき，カードの左下角を左手の掌にしっかり固定しておくことが肝腎である。そしてプッシュオフの指の働きを第13図に示す。

このときカードの左下隅がしっかりと左手掌部に埋まっており，中指がボトムカードを押さえていて，拇指がボトム以上のカードを押し出

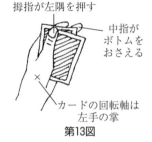

拇指が左隅を押す

中指が
ボトムを
おさえる

カードの回転軸は
左手の掌

第13図

していることにご注目いただきたい。右手がこのプッシュオフされた複数のカードをあたかも1枚のように取るというわけである。

このプッシュオフの動作は上記のバックルの動作よりもタイミングが取りやすいという利点があるが，その代わりプッシュオフされたカードが少しずれやすいという欠点を持っている。したがって，小舞台の演技ではこのプッシュオフカウントが特色を十分発揮する。

 ## プレブレークカウント（Pre-Break Count）

筆者はBuckle CountやPush-off Countをより自然に見せる方法としてここに説明する工夫をしばしば活用している。Push-off Countはスムーズにカウントしやすいが，Buckle Countはバックルの指の操作がカウントのリズムを崩す要素があるので，筆者は，カウントをする前にあらかじめバックルかプッシュ

オフのテクニックでボトムカードだけを本体と
分離しておいて，その分れ目に左小指のブレー
クを作っておくという方法が便利であることに
気づいた。そのような準備をすれば，右手で
カードを取りつつ，必要なタイミングで，右手
の中指をブレークの分れ目に差し込んで，それ
より上のカードをまとめて１枚のようにつかみ
取ることはごく簡単にできる（第14図）。

ブレークの上を
１枚の如く持ちあげる
第14図

エルムズリカウント
(Elmsley Count)

　エムズリカウントは英国の優れた研究家Alexander Elmsleyが創作したユニークなフォールスカウントである。20世紀に紹介された技法のナンバーワンと言っても過言ではないであろう。この技法はCount Four as Four（４枚を４枚に数える方法）とも呼ばれ，４枚のカードを左手に持ちそれを４枚に数えるが３枚目のカードが観客の目に触れることがなく，代わりに１枚目を最後に再登場させるという作戦である。多くの場合同じカードの再登場はあまり気にならない。

　あまりに便利で効果的な技法であるため，現在でも多くのカードマジシャンによって愛用されている。それは悪いことではないが，筆者が見たところこのすぐれた技法がかなり乱用されているという印象である。うんざりするほど多く発表されているパケットトリックなどにこの技法が多用されている現状は嘆かわしいと感ずるほどである。

　もう一つエルムズリカウントには問題がある。それは決して自然とは思えない方法でこの技法を実行している人が誠に多いという事実である。エルムズリカウントをごく自然なカードの数え方で実行しようとする努力があまりなされていないことが残念である。

　以下にエルムズリカウントのいろいろな方法について言及しよう。

方 法

1　多くの奇術家がバーノンの方法をそのまま使っているという実態がある。この方法はバーノン自作のTwisting Acesという奇術にもちいるのにふさわしい方法であり，ほかの状況ではあまり使うべき方法ではない。この方法のカードを持つ手の姿を第1図に示す。

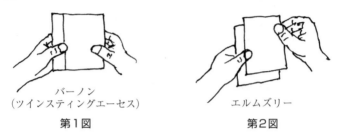

バーノン
（ツインスティングエーセス）
第1図

エルムズリー
第2図

2　エルムズリ自身が，バーノンの方法はあまり使ってほしくないと発言し，彼の方法を正しく研究するように勧めている。元祖エルムズリの標準的方法におけるカードの持ち方を第2図に示す。

3　一方，石田天海はエルムズリカウントを学び，自身独特の方法を開発した。これはプッシュオフカウントの動作をモデルとした手法であり，筆者はその自然さの工夫に最大の評価をしている。この天海のモデルを第3図に示す。筆者はこの方法を参考にお勧めの方法を開発した。

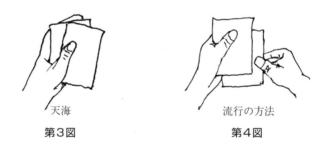

天海
第3図

流行の方法
第4図

4　最近，やりやすさと，見た目のスムーズさで流行している新しい方法がある。この方法はカードを左手の配り手の持ち方で動作を始めるところが特色である。ところがそこからの動作が，カードを右手に持ち，左手拇指でカー

ドを左上方向に繰っていくというところに違和感がある（第4図）。筆者としてはこの方法は動作全体が不自然に見えるのでお勧めしない。

5　では，どういう方法が望ましいのか。そのこたえは明快であり，動作の始まりはカードを左手の配り手の持ち方でなければならない。そして続けて，カードは上から順に左手拇指で右方向に押し出され，それを右手の拇指と食指，中指で取るのでなければならない。この動作の繰り返しで4枚を「1，2，3，4」のリズムで右に取っていく。カードは4枚がリバースオーダー（逆順）になる。

この要件を満たす筆者お勧めの方法を以下に記述しておく。

最も自然なエルムズリカウント

方　法

1　スタート時のカードの持ち方は左手の配り手の持ち方である。このとき，4枚のカードの左下角が左手の掌部にしっかりと固定されていることが大切である。

2　そこから左拇指でトップカード1枚を右方向に押し出す（第5図）。このときの回転軸は左手掌部である。そしてその1枚を右手が取って右方向に移動する。右手の拇指の位置はカードの右辺の右上隅近くである。ここで一旦右手の1枚が左手の3枚と完全に分離するところまで両手の距離を取る。

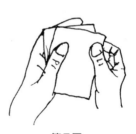

第5図

3　続けて2枚目のカードを取るために右手が左手の方に戻って来る。このとき大切なことは左手拇指で左手のカードの左上隅を押すようにして，3枚のカードのうちの上の2枚が右方向に回転するように仕向けることである。ちなみにこの回転の回転軸も左手掌部である。この動作はプッシュオフカウントの動作と同じである。

4　このタイミングで戻ってきた右手は，拇指をプッシュオフで作られた右上

のL字状の凹みのところに持って来る。そして，右手の1枚目のカードを左手のボトムカード（プッシュオフされないで残っているカード）の真下に揃う位置まで持って来る（第6図）。

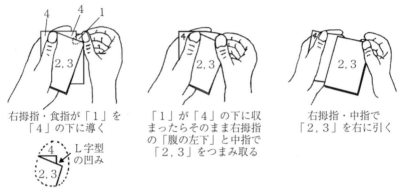

右拇指・食指が「1」を
「4」の下に導く

右拇指・中指で
「2，3」を右に引く

「1」が「4」の下に収
まったらそのまま右拇指
の「腹の左下」と中指で
「2，3」をつまみ取る

第6図

5　そしてそのカードをボトムカードと揃えて左手中指が確保する一方，右手の拇指と中指とでプッシュオフされた2枚を挟み持ち，右方向に引く（第7図）。ここの部分がこの技法の生命線であり，そのとき，右手の1枚目を4枚目の下に戻す動作と，2，3枚目を挟み取る動作とがワンモーションになるように操作することが大切であり，右手の指がツーモーションになったり，動作に躊躇いがあったりしてはならない。

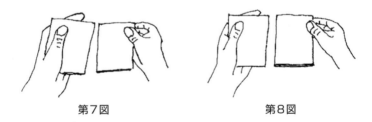

第7図　　　　　　　　　　第8図

6　ここからは難しいことは何もない。左手拇指が右に押し出す3枚目のカード（実は4枚目）を同じリズムで右手に取る（第8図）。

7　そして，最後の1枚（左手から戻ってきた1枚）を右手に取る（第9図）。

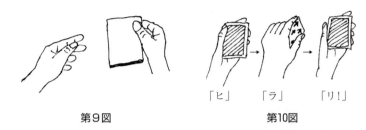

「ヒ」　　「ラ」　　「リ！」

第9図　　　　　　　　第10図

8　以上が基本的動作であり，「1，2，3，4！」のリズムでカードが左手から右手にスムーズに手渡されることになるであろう。なお，この「4！」のタイミングで，左手に持っている最後のカードを「ヒラリ」と動かしてその反対面をチラリと見せるようにするのもリズムがよい。この左手の動作を第10図に示す。この動作を用いる場合には「4」が「ヒラリ」で次の「5！」が第9図のように左手のカードを右手のカードの上に収める動作となる。ただし，最後のカードの反対面を見られては具合が悪いときにはこのやり方は避けなければならない。

9 デリック・ディングル（1937-2004）

ディングル，ご子息，氣賀たまみ，夫人　　　ディングルがEpilogueに投稿した記事
於いてNYマンハセットLI　1970年

　ディングルは筆者がニューヨークに留学中（1969-1970）に，イギリスからアメリカ
に渡って来た若手奇術家である。生まれ年も筆者と同じである。NYに落ちつくとその
技量と演ずる奇術でニューヨークのマジシャン仲間で大人気となった。そしてその後の
半生をアメリカで過ごすことになる。同じ時期に新ニューヨーカーであったご縁から，
大変親しくお付き合いすることとなった。誠に器用なマジシャンであり，他人がやらな
い難技法をよくこなされた。しかし，観ていると上手いとは思うが，種が見えないの
に，なんとなく怪しい演技なのである。このことをパーシ・ダイアコニスに話したとこ
ろ「うまく見えるのはまだ本物ではないという証拠であり，本当にうまくなると，ただ
ただ不思議に見えて，うまさは目立たなくなるものである。」と喝破された。そのとお
りである。ディングルとお別れして帰国するとき，二人で作品を交換した。筆者の「For-
ova-Kined」を彼が改作し「Ala Kiga」と名づけて，それをすぐにEpilogueの15号に発表
されたが，彼の作品である「Colour Triumph」を改作した筆者の作品はたまたま今日ま
で発表する機会がなかった。

＜Derek Dingle＞

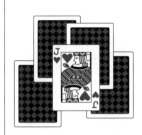

ビドルムーブ
(Biddle Move)

| 解 説 |

このご技法はEdmer Biddleが創案した大変優れた技法である。二十世紀に開発された技法としてはエルムズリカウントとこのビドルムーブがその活用の広さで双璧と評価できるが，現在，エルムズリカウントはパケットトリックなどで乱用されているきらいがある。一方，ボドルムーブはもっと活用されてもいいと感ずるほど人々に忘れられかけられているように見える。この技法は独特のカードの抜き去りが特色であるが，それはフォールスカウントやカードのすり替えなどにも応用ができるので，非常に活用範囲が広い。そして，カードの持ち方はビドルグリップと呼ばれる特別な持ち方でなければならないが，それは観ていてさほど不自然な姿というわけではない。この技法はさほど技術的に難しい技法ではないので，是非マスターして使っていただきたいと考える。

　分かりやすい例として，十数枚くらいのカードの山のトップから７枚のカードを取る動作を行いながら，実際には４枚目５枚目の２枚がいつの間に元の山に戻されてしまうという方法を説明しよう。

| 方 法 |

1　まず，一山のカードを左手に配り手の持ち方で持つ。ボドルムーブの開始時点ではこの基本が大切である（第１図）。

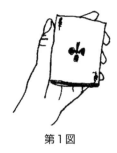
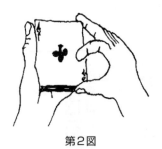

第1図   第2図

2　次にこの一山を右手で持つ。ただし，右手の拇指が右下の隅近くを支え，
中指が右上の隅近くを支えるようにしてカードを上下から挟み持つようにす
る。このとき食指はカードの上面に添えられているだけである。また薬指，
小指も中指に添えられているだけでカードを持つ仕事に参画していない（第
2図）。このカードの持ち方をビドルグ
リップと呼ぶ。

3　この持ち方でカードを右手で保持した
ら次に左手の拇指で右手の山のトップ
カードを押さえてそれを左方向に擦り取
る（第3図）。

第3図

4　これと同じ指の働きで，続けて2枚目，
3枚目のカードを左手に取る。取ったカードは左手のカードの上に上にと重
ねられるので，このカードの取り方はリバースカウントになっている。また，
左手の取ったカードはよく揃っていることが肝腎である。

5　次に，続けて4枚目と5枚目のカードを1枚ずつ同じリズムで左手に取る
が，このときは左手の小指を3枚目のカードの上に挟むようにする。このと
き挟まれるのは左小指先の肉だけであり，その結果，左小指のブレークがで
きる（第4図）。この秘密の動作には何も難しいところはない。

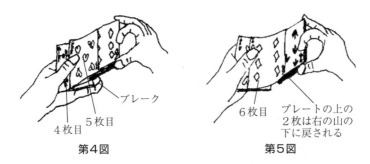

ブレーク

6枚目　プレートの上の
2枚は右の山の
下に戻される

4枚目　5枚目

第4図　　　　　　　　　　　第5図

6　次の6枚目のところが大切である。6枚目を左拇指が擦り取るところもリ
ズムはそれまでと変わらない。ただしこのときは左拇指が6枚目の表を押さ
える瞬間に，右手のカードは左手のブレークから上の2枚のカードと完全の
重ねられるようにする。そして，6枚目が手のブレークの下のカードの上に
取られることになるが，ブレークの上の2枚は右手の一山のカードの下に戻
されてしまう結果となる（第5図）。

7　次は7枚目である。このカードを左手に擦り取る動作は普通の動作でよい。
以上で観客からは7枚のカードを左手に取ったように見えるが，実際には4
枚目と5枚目が右手の一組の下に戻されてしまった結果になる。

練　習　ビドルムーブで大切なことはカードを一定枚数，右手から左
手に取っていく動作が，よどみなく，スムーズに行われるとい
う点である。そのためには10枚くらいのカードを持ち，その表
から2，4，6，8枚目をビドルムーブするというような練習がよいだろう。

10　パーシ・ダイアコニス（1945生まれ）

NYグリニッジヴィッジを案内するパーシ，氣賀たまみ　1970年

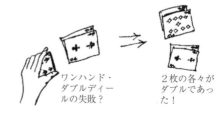

ワンハンド・ダブル・ダブルディールの妙技

　最後に，現在も活躍中の友人について語ろう。バーノンがNYで会ってほしいと言われたパーシは筆者より少し若いが筆者がNY留学中にはちょうどNYの大学で数学を専攻しているときであった。現在は西海岸の大学で数学者として活躍しており，その世界では有名な学者である。奇術にも手を抜いておらず，最近も本を書いている。若い時のパーシはギャンブルに詳しく，あるときストリッパーデック（梯形加工カード）を持参して見せてくれたが，このセットはどこから見ても種があるようには見えないのである。ところが手で触ると，なるほど梯形加工の効果が得られる。このときプロのギャンブラーが使う梯形カードは奇術家が使う梯形カードとは全く加工の精度が違うということを知らされたのであった。

　思い出すのは彼が見せてくれたワンハンドダブルディールである。一組のトップカードをテーブル上に放り出す。放られたカードは表向きにテーブルの上を滑っていき自然に止まる。ところが調べるとそのカードが2枚重ねなのである。巧妙な技であり，どうして2枚が揃っているのかが不思議である。そこで筆者は「カード2枚がずれてしまうことはないのか？」と質問した。すると「そう，もう一回やってみよう。」と言い，再度同じことをやってみた。今度は2枚が1cmほどずれてテーブル上に止まったのである。「こうなることもある。」という。筆者は失敗もありえるのかなと一瞬納得したのであるが，次の瞬間，驚きが倍化することになった。彼がテーブルの2枚を指で動かすとなんとその2枚が両方ともダブルになっており，2枚，2枚になっていた。これには驚嘆した。あるとき後輩がぜひ会ってみたいというので，筆者が紹介の手紙を書いたことがある。すると「君が来るなら会うが，友人なら会いたくない。時間の無駄だ。」とそっけない返事が来て絶句してしまった。

<Persi Diaconis >

技法索引

（あ行）

（か行）

（さ行）

（た行）

（ま行）

（ら行）

カード奇術用語辞典

English-Japanese Dictionary of
Technical Terms in Card Magic

氣賀康夫編

　カード奇術は，20世紀に欧米で大発展を遂げた。したがって，カード奇術の良書は，英語で書かれたものが最も数が多い。ところが，日本人が英書でカード奇術の本を読もうとすると多くのテクニカルタームに遭遇し，戸惑いを感ずることになる。英語の本を読むには最低限の知識が必要なのである。そこで，編者はカード奇術の専門語をまとめた辞書の必要性を感じ，この辞書を1960年頃母校慶応義塾奇術愛好会の原書研究会のために編纂した。また，あるとき，その内容を拡充し，力書房の「奇術研究」に連載したこともあった。しかし，最近では，それを入手することが困難となっているので，今回若干の補遺を付け加えて，新版を企画し，これを作成することとした。本書は，引くための辞書として用いられることはもちろんであるが，一度通読しておいて，いろいろな語の特殊な意味を覚えてしまうと将来のために役立つであろう。本辞典がカード奇術を原書で読むわが国の研究者にとって，今後もお役に立つことを期待したい。

2007年12月　編者

－－－本辞典使用上の注意－－－

① 　[　] 内は定訳がなく，原語のまま用いられやすい用語。

② 　熟語は，その中の主要な語の頭文字で分類した。

③ 　a＝形容詞，ad＝副詞，v＝動詞，n＝名詞

④ 　→は「本辞典内の指示する項を見よ」という記号。

　　c.f.は「本辞典内の指示する項と比較せよ」という記号。

⑤ 　本辞典はカード奇術用語を収録する目的で編纂したが，カード奇術以外の奇術用語も一部収録してある。そのような語は，カード奇術との関連上，本の中で言及されることがあるからである。

⑥ 　次に掲げる各語群はニュアンスに多少の違いがあるが，下記の訳語を用いてよい場合が多い。

a) 　**奇術**　conjuring, effect, hanky-panky, hokey-pokey, illusion, jugglery, juggling（英）, legerdemain, prestidigitation, magic, trick

b) 　**客**　audience, observer, on-looker, party, spectator, voluntary assistant, watcher

c) **覚える**　memorize, note, remember

d) **置く**　deposit, drop, place, put, throw

e) **命ずる**　ask, instruct, invite, request, tell

f) **言う**　announce, assert, say, remark, state

g) **問う**　ask, inquire

h) **する**　accomplish, bring about, carry out, carry through, execute, make

－－－奇術解説書の特色－－－

① 奇術解説書には主語のない文が多い。これは命令文と解釈することもできるが，
Youを主語として訳すのがよい。

　　(ex.)　Cut the deck.＝一組のカードをカットする。

② Youは読者を指しているが，解説者は読者を術者と仮想しているから，「術者」と
訳すのが適当な場合もある。

③ 使役動詞にhaveがよく用いられる。また，be to do も使役動詞のように訳す方が
よい場合が多い。

　　(ex.)　He is to cut it.＝Have him cut it.＝観客にそれをカットさせる。

(A)

abracadabra　［アブラカダブラ］奇術
の演出に使われるおまじないの言葉の一
つ

ace　［エース］A，1

adhere　くっつく（＝stick）

all backs　［オールバック］ダイ・バー
ノンが考案したカード奇術で，すべての
カードが両面とも裏模様であるように見
せるもの

all faces　［オールフェース］バーノン
のオールバックを少し変えて，すべての
カードが表模様であるように見せる奇術。
オールバックと同じ手法ではうまくいか
ない場合がある

ambitious card　［アンビシャスカー
ド］観客が選んだカードを，いろいろに
扱ってトップから現れるようにするとい
うカード奇術

apparatus　道具，仕掛

apparently (ad)　①見かけ上。動詞に
ついて，「…するように見せかける」「…
するふりをする」の意味になる（actuallyの
反対語）。　②明らかに

arm spread　［アームスプレッド］カー
ドを腕の上に並べること

artifice　技法（＝sleight）

Ascanio spread　［アスカニオスプレッ
ド］5枚のカードを4枚のカードのよう
に思わせて広げる技法の一つ

assistant　　①助手　②客の中の有志（＝voluntary assistant）

(B)

back　　［バック］①裏面，カードの裏模様のある面　②背　③手の甲

back card　　［バックカード］デックやパックを表向きにしたとき一番下にあるカード。

back palm　　［バックパーム］手の裏にパームして隠し持つこと。

baffling　　(a)当惑するような（＝puzzling, bewildering, perplexing）

balance　　①釣り合い　②残り（＝remainder）

ball　　指先の腹，球

bare table　　テーブルクロスが掛かっていないテーブル

base　　→thumb base

bewildering　　→baffling

Biddle move　　［ビドルムーブ］右手から左手に数え取ったカードの一部を密かに右手に戻す技法。フォールスカウントにも用いることもできる。

birds of a feather　　「類は友を呼ぶ」と呼ばれる奇術。カードをまぜても，同じようなカードが揃ってしまうという現象を演出するもの。

black art well　　マジックテーブルについている種場。種を取ったり，落としたりする袋

blank back　　［ブランクバック］裏が無地のカード

blank card　　［ブランクカード］無地のカード

blank face　　［ブランクフェース］表が無地のカード

blind　　①眩惑法　②目隠し　③フォールスカット，フォールスシャフル

blind cut　　［ブラインドカット］（＝false cut）

blindfold　　目隠しをする。

blind riffle　　［ブラインドリフル］（＝false riffle shuffle）

blind shuffle　　［ブラインドシャフル］（＝false shuffle）

book test　　［ブックテスト］本を使って，そこに書かれた言葉を当てるという演出のカード奇術

bottom　　［ボトム］①底札，トップと反対のカード（カードが表向きのときは一番上）　②底

bottom deal　　［ボトムディール］→false deal

bottom placement　　［ボトムプレースメント］右手に持ったパケットを左手のパケットの上に重ねるときに，右手のパケットのボトムカードを密かに左手のパケットのボトムに滑り込ませる技法

bottoms（＝bottom deal）　　→false deal

brain-wave deck　　［ブレーンウェーブデック］特殊なデックの一種で，客のカードの名を言わせ，デックを裏向きに広げていくと，1枚だけ表向きのカードがあり，そのカードが客のカードであり，さらにバックの色がその1枚だけ違うことが分かるというもの。

break　　［ブレーク］カードに密かに割れ目を保持すること。

  little finger break　　カードの割れ目に小指の先を密かに挟むブレーク

  thumb break　　カードの割れ目に親指の根元の肉を密かに挟むブレーク

bridge　　［ブリッジ］①カードを曲げてそらすこと，主にエンドまたはサイドに平行に曲げる場合に用いる（c.f. crimp）。②ブリッジと呼ばれるカードゲームの総称。オークションブリッジ，コントラクトブリッジが有名。

  end bridge　　［エンドブリッジ］ブリッジで出来た隙間がエンドの真ん中に出来るようなブリッジ

  side bridge　　［サイドブリッジ］サイドの真ん中に隙間ができるブリッジ

bridge size　　［ブリッジサイズ］31／2インチ（88 mm）×21／4インチ（56 mm）の大きさのカード（c.f. poker size）

buckle　　曲げる

buckle count　　［バックルカウント］フォールスカウントの一種で，枚数を実際よりも少なく数えるときに用いる技法の一つ。最後にカードを指で曲げるので，この名がある

build　　カードを予定した順序になるようにシャフルすること

bunch　　カードを分けたときの一部分（＝ packet, group）

(C)

card　　［カード］カード，トランプ（＝ playing cards）

card index　　［カードインデックス］手で触ってどのカードが何かが分かるように区分して用意しておくための道具。ポケットなどに入れて用いる。

cardician　　カードの名手，カード奇術家

cascade　　［カスケード］カードを片手から他方の手に滝のように落とすこと

casually（ad）　　何気なく

center cut　　［センターカット］パックの中程からパケットを抜き出すこと，またはそれをトップに置くカット（＝ scotch poke）

center deal　　［センターディール］→false deal

change　　［チェンジ］とりかえる，取り替え，主として変化させることを客に見せる場合（c.f. switch）

chased　　「追っかけられる」という意味であるが，カードをクラブ（♣），ハート（♥）スペード（♠）ダイヤ（♦）の順でセットするときこれを記憶するのに用いる。日本ではなぜか「ダクハス」という言葉が同じ目的で用いられている。

charlier cut　　（＝ charlier pass）

charlier pass　　［チャーリアパス］片手でカードをカットする方法の一種

clairvoyance　　透視術

classic force　　［クラシックフォース］両手でカードを広げて客に1枚選ばせる動作でフォースする技法

classic pass　　［クラシックパス］古典パス，カードの上半分を密かに右側から下に回す技法

clear ①(a)明らかな ②(v)離れる, 取除く (= clear away)

clumsy 不器用な

clue 手がかり, 鍵

close-up magic 近距離奇術, 客のすぐ近くで演ずる奇術

coat pocket 上着のポケット

code 暗号

coin コイン, 硬貨

coin box [コインボックス] 硬貨を入れて奇術を行うための容器

coincidence 偶然の一致

cold deck あらかじめセットしたデック

colo(u)r change [カラーチェンジ] 色変わり, カード奇術において, カードのフェースを変えてみせること

completed cut カットした部分を前と別の順序になるように重ねるカット。

complete the cut カットした部分を前と別の順序に重ねてカットを成し遂げること (→cut①)

conjurer 奇術師, 術者

conjurer's choice 奇術師の選択(→magician's choice)

conjuring 奇術

control [コントロール] いわゆるコントロールすること, あるカード(主に客のカード)を術者の都合のよいところに持ってくる技法

copper ①銅 ②銅貨 (米) 1セント銅貨 (= penny)

corner [コーナー] カードの隅, 角

count four as four (→Elmsley count)

court card 絵札 (= picture card)

court jester ジョーカー (= court joker)

crease しわ

crimp [クリンプ] 目印のためにカードを曲げること, 主にカードのコーナーだけを曲げることを指す。

cull ①必要なカード(culls) ②必要なカードをデックの都合の良い位置に持ってくる技法(cull shuffle シャフルの動作でそれを実行する。Spread cull カードを手から手に広げながらそれを実行する) ③オーバーハンドシャフルにおいて, フォールスシャフルと同じ意味に用いられる。

curl 曲げる

cut [カット] ①カードを二つまたはそれ以上の部分に分けて, 順序を変えて重ねること ②カードを二つまたはそれ以上に分けること ③その分けた部分

(D)

deal ①配る ②置く 手にあるカードをテーブルの上に1枚ずつ置くこと

dealer's position 配り手の持ち方, カードゲームでカードを配るときの左手の持ち方, カードが左掌に乗り, 中指, 薬指, 小指が右側になり, 拇指が左側からカードの上を押さえ, 食指が向こう端にあたるのが普通である。

deck [デック] カード一組 (= pack) 〈注〉カード一組から何枚かを取除いた後も, その残りのカードの束のことをデックとかパックとかと呼ぶことがある。

denomination カードの数, 名前

detection　カード当て

deuce　2の札

diachylon　［ダイヤキャロン］カード
の接着用の特殊な薬剤名，この薬で着け
た2枚のカードは指で押すとずれる程度
の粘着力を持ち，ウルトラメンタルデッ
クなどに利用される。

diagonally　(a)斜めに

diameter　直径

dime　（米）10セント銀貨

disarm　疑いを解く，取除く

discard　捨てる，除く

disclose　現す，示す，ばらす，見せる

discovery　当てかた，現しかた

display　見せる

dispose of　処分する

Do as I do　［ドゥーアズアイドゥー］
術者と観客が同じ動作をしていくと同じ
ことが起こるという演出の奇術。日本で
は「鏡のカード」と呼ぶこともある。

dodge　①案，策（＝strategy）②避
ける（＝avoid）

dollar　1ドル，1ドル銀貨（＝silver
dollar）1ドル札（＝buck, green back）

dot　［ドット］目印のためにカードの
表や裏に鉛筆などで印をつけること，ま
たはその目印のこと

　pencil dot　［ペンシルドット］鉛筆
でつけた目印（→dot）

double-backed card　ダブルバックの
カード，両面が裏模様のカード

double backer　（＝double backed card）

double buckle　［ダブルバックル］バッ
クルカウントではボトム1枚を左手の指
で曲げるのだが，ボトムを二度にわたっ
て2枚曲げるのがダブルバックルである。
この技法は，フォールスカウントとして
ではなく，下の2枚を残し，その上の
カードを取る目的で用いるのが一般的で
ある。

double cut　［ダブルカット］ブレーク
の下のカードを二回に分けてカットしな
がら上に重ねる技法。コントロールに用
いられることもある。

double deal　［ダブルディール］→false
deal

double eagle　（米）20ドル金貨

double-faced card　ダブルフェース
カード，両面がフェースのカード（c.f.
dou-ble backed card）

double lift　［ダブルリフト］シークレッ
トリフトの一種で，2枚のカードを1枚
の如く持ち上げる技法。

double undercut　［ダブルアンダーカッ
ト］＝double cut

dove-tail shuffle　リフルシャフルの一種，
リフルしたあとの形が鳩の尾のような姿
になるのでこの名がある（＝V shuffle）。

dropper　［ドロッパー］種を密かに取
るために，上着などに吊るしておく道具

duplicate　(a)対の，予備の，控えの
〈注〉広く用いられる言葉でその場合に
応じて，同じ印の，同じ数値の，同数同
印の，同じ裏模様のなどの意味に使われ
る。

(E)

eagle　　（米）10ドル金貨

easel　　カード立て（＝card stand）

edge　　［エッヂ］端，エンドまたはサ
イド→end, side

effect　　①効果，現象　②奇術
　in effect　　①効果は　②実際は

Eight King System　　［エイトキングシス
テム］カードのセットの仕方の一つで8，
K，3，10，2，7，9，5，Q，4，A，
6，Jとセットし，"Eight Kings threatened
to save ninety-five ladies for one sick
knave" と覚える。日本では5，9，10，
K，J，2，4，6，Q，A，7，8，3
「極道おやじ兵隊にしろ奥さん一悩み」
というカードの順がよく用いられる。こ
のセットは英語で数字をAce, Twoなど
とスペルしていくとそのカードが自然に
出てくるような順になっている。

Elmsley count　　［エルムズリーカウン
ト］フォールスカウントの一種で，4枚
のカードを4枚に数えながら，3枚目の
カードは見せないという技法（1枚目を
二回見せる）count four as fourという
呼び名もある。

embarrassing　　当惑するような，赤面
するような

end　　［エンド］カードの短い方の辺，
（c.f. side）

end bridge　　→bridge

equipment　　用具，備品

E.S.P.　　［イーエスピー］Extra Sensory
Perceptionの略，超感覚的知覚力といわ
れるもの

E.S.P. Cards　　ESPの実験に用いられ
る五種のデザインのカード（丸，四角，
プラス，星，川の字状の波）

even　　①偶数の（oddの対）　②平らな，
均一の，そろった

expert　　名人，名手

expose　　見せる，ばらす

extra　　余分の，予備の

extract　　引き出す，取り出す

(F)

face　　［フェース］表，表面，すなわち
カードの印や数が印刷してある面

face about　　(a)向きの変わった（表向
きとか裏向きとか）

face away　　客に背を向ける

face card　　［フェースカード］①パッ
クやパケットを表向きにしたときに一番
上にフェースを見せているカード　②絵
札（＝picture card, court card）

face down　　(a)裏向きの（face-down）
(ad)裏向きに，裏を向けて（＝face
downward(s)）

face out (ad)　　カードのフェースを
客の方に向けて

face up　　(a)表向きの（face-up）(ad)表
向きに，表を向けて（＝face upward(s)）

faked card　　仕掛カード，種のカード

false count [フォールスカウント] カードを偽って数える技法, 主に枚数を偽って数える技法を指す。カードを実際より少なく数える技法と, 実際より多く数える技法とがある。

false cut [フォールスカット] カットしているように見せかけ, 実は術者の都合どおりにする技法, フォールスカットでは, カード全体がまったく狂わないものが多い。

false deal [フォールスディール] 偽りの配り方, 主なものに次の四つがある。

bottom deal [ボトムディール] トップを取るように見せかけて, 実はボトムを取って置く技法 (= bottoms)

center deal [センターディール] トップを取るように見せかけて, 実はパックの中からカードを取って置く技法

double deal [ダブルディール] トップを取るように見せかけて, 実は2枚 (あるいはトップとボトム) を1枚の如く取って置く技法

second deal [セコンドディール] トップを取るように見せかけて, 実は2枚目を取って置く技法

false shuffle [フォールスシャフル] シャフルしているように見せかけて実は術者の都合どおりにする技法, フォールスシャフルではカードの一部分は混ざってしまう場合が多い。一方, カード全体がくるわないフォールスシャフル (complete false shuffle) もある。

fan [ファン] カードを扇状に開く, 扇状に開いたカード

fan card [ファンカード] カードを扇状に開いたもの, またはそれをするのに適したカード

fan powder カードの表面に塗ってカードをファンに広げやすくするための粉末

fancy sleight 客をだますためでなく, 単に手練の妙味を見せるだけの技法

Faro shuffle [ファロシャフル] カードを二等分し, ほぼ1枚づつ互いに押し入れて切り混ぜる技法 (= weave shuffle, Greek shuffle)。完全に1枚おきに混ぜることができるときはそれを complete Faro shuffle と呼ぶ。

feat 技, 芸

finger 指 (一般には拇指は含まない)

finger palm [フィンガーパーム] パームの一種で, 指を曲げて指にものを保持して隠す技法, カードのパームではあまり用いられない。

fingers 四指 (拇指以外の四本の指, 英語では親指は fingers に数えないことが多い。)

finger tip ①指先 ②ものを隠すための指先の形をした種, これを拇指で用いる場合には thumb tip と呼ぶ。

first finger 食指 (人差し指) = forefinger

fist 握りこぶし

flap ①垂れ蓋 (カードケースや封筒の蓋) ②ぴしゃりと叩く

flash paper [フラッシュペーパー] 点火すると一瞬で燃え尽くす仕掛けのある紙

flash bill　　［フラッシュビル］フラッシュペーパーでできたイミテーションの紙幣

flesh　　肉

flesh colo(u)r　　肉色

　palm flesh break　　手のひらの肉を挟んで保持するブレーク

flip　　（カードを）ヒラリとひっくり返す

flourish　　［フラリッシュ］手練を見せる目的の技，演技装飾法

flush　　(a)平らになっている，そろっている
　（ex.）push flush with…　…と揃うまで押し込む

follow the leader　　「リーダーに従え」カードを赤と黒とごちゃまぜにするがリーダーのカードにならって色が揃ってしまうという現象を演出するもの。似た現象の奇術にOil and Waterがある。

fool　　①(v)だます　②ジョーカー

foolproof　　誰にでも分かる，誰にでもできる

force　　［フォース］強制法（客がカードを選ぶのに，直接あるいは間接的に影響を与えたり制限したりする技法。主に，客に術者が指定するカードを選ばせるときに用いる。）

forcing deck　　［フォーシングデック］フォースをするための仕掛のあるデック

forearm　　前腕（肘と手首の間）

forefinger　　食指（人差し指）＝ first finger

fork　　指と指との間の又

four aces　　［フォアエース］①4枚のエース　②4枚のエースを用いて演出する奇術

French drop　　［フレンチドロップ］片手に持ったものを他方の手に取ったものと見せかけ，実は取らないという技法の一種

front　　①前　②フェース

(G)

gadget　　仕掛，小道具

gambler's palm　　［ギャンブラーズパーム］パームの一種で，カードの位置がやや横向きになり小指の方に突き出す形となる。

gambler's spread　　［ギャンブラーズスプレッド］広げたカードに，密かにカードを加える技法

giant　　巨大な

gimmick　　種，仕掛

glance　　チラリと見る（＝ glimpse），一見

glide　　［グライド］ボトムカードを密かにずらす技法（ボトムから2枚目のカードを取るための技法）

glide form　　グライドの持ち方，グライドをするためのカードの持ち方

　side glide　　［サイドグライド］グライドは普通縦方向に行うが，横方向に行う方法もあり，これをサイドグライドと呼ぶ。

glimpse [グリンプス] 極く短時間, 視線をやってものを見ること, 主に術者が密かにカードを見る場合に用いる (= secret sight) c.f. peek (spectator's glimpse → spectator's glimpse)

Greek shuffle (= Faro shuffle, weave shuffle) → Faro shuffle

(H)

half dollar 半分ドル, 50セント銀貨

half pass [ハーフパス] 一組のカードの下半分を密かに表裏さかさまにする技法

hand magic [ハンドマジック] 手練を要する奇術

hand over 手渡す

hank(y) ハンカチ

hanky-panky 手品

hay-mow shuffle [ヘイマウシャフル] オーバーハンドシャフルで右手でカードを持ち, 水平のまま左手でカードを抜いてシャフルする。

hazard 危険, 冒険, 偶然
    at hazard バラバラに (= by hazard, at random)

head magic [ヘッドマジック] 主として手順, 原理などによって演ずることができ, 手練を比較的必要としない奇術

head 頭, 頂上
    on its head さかさまに

heap 山, まとめておいた一山のカード (= packet, pile)

Herrman count [ハーマンカウント] フォールスカウントの一種, 例えば, 8枚のカードを数えて見せながら, 実際には最後の3枚は見せないという技法

Herrman pass [ハーマンパス] 古典パスと逆にカードが入れ替わるパス。古典パスではカードの上半分が右から下に回されるが, ハーマンパスではカードの下半分が右から上に回される。

Hindu shuffle [ヒンズーシャフル] 日本人の一般的な切り方 (花札などの切り方と同じ切り方)。ただし, 欧米人のヒンズーシャフルは日本人の切り方と少し異なる。

hocus pocus ①奇術の演出に用いるおまじないの言葉の一種 ②手品

hok(e)y-pok(e)y 手品

holder [ホールダー] 種を密かに取るために種を保持する道具

horizontally (ad) 平らに, 水平に, 横に

houlette ライジングカードに用いるカードの入れ物

how 方法, 秘密, 種 (= method)

(I)

imitation [イミテーション] 偽もの, 代わり

impromptu trick 即席奇術

improvement 改案

indetectable 見破られない

index [インデックス] (pl.indices, indexes) カードのフェースの左上と右下にある数字と印のこと

index finger　食指（人さし指＝forefinger, first finger）
　card index　→cardの項
indices index の複数　→index
indifferent card　普通のカード，不特定のカード
　〈注〉広く用いられる言葉で，例えば，絵札を問題にしている場合には，絵札以外のカードを指し，またセットの必要な場合にはそのセットに不要なカードを指す。
in-jog　→jogの項
inner　(a)内側の，術者に近い方の
insert　差し入れる
intact (ad)　そのまま，しかるべく（＝in place, as it is, as it stands）
interlude　［インタールード］中間に演ずる芸
invisible　見えない
invisible turn-over pass　古典パスと異なり，ターンオーバーパスで，カードの入れ替わりが見えないパス

(J)

jerk　急に引く，ぐいと引く
jester　ジョーカー（＝joker, fool, court jester）
jog　［ジョグ］パックのある部分からカードがはみ出した状態，または，そうする技法。主にオーバーハンドシャフルで用いられる。これによりカードの位置を知ることができる。

in-jog　［インジョグ］カードが手前のエンドにはみ出した状態，または，そうするためにカードを引く技法
out-jog　［アウトジョグ］カードが向こうのエンドにはみ出した状態，または，そうするためにカードを押す技法
side-jog　［サイドジョグ］カードがサイドにはみ出した状態，または，そうするための技法
natural jog　［ナチュラルジョグ］カード半分を残りの半分の上にポンと放り投げることにより，自然にできるジョグ
joint　関節
　〈注〉一般に指の付け根から指先に向かって順番に the first joint, the second joint と呼ぶことになっている。the top joint は最も先の関節である。ただし，著者によって違う語法を用いているケースもある。
Jordan count　フォールスカウントの一種で，エルムズリカウントに似ているが，実際に観客に見せることになるカードの位置に違いがある。
juggling　（英）奇術，手品（米）曲芸
jumbo　［ジャンボ］大きい（＝giant）

(K)

KB move　＝Biddle move
key-card　［キーカード］目印にするカード（＝locator）

(L)

layman　　素人，普通の人

left　　①左の　②残りの（leaveのp.p.）

legerdemain　　奇術

lengthwise (ad)　　縦に

level　　平面，水平の，平らの，同じ高さの，平らにする
（ex.）on a level with… …と同じ高さで

lift　　①持ち上げる　②いわゆるシークレットリフトのこと→secret lift

little finger　　小指（＝fourth finger）

load　　①種を運ぶ，種を取る　②種をつめる　③種を取ること　④種場に入れるもの　⑤種場

location　　［ロケーション］カードの位置を知ること（コントロールも広い意味でロケーションであるが，ロケーションというとキーカードロケーションを意味することが多い。ロケーションのためには次のような技法が活用される。crimp, step, insertion, break, number, short card, thick card, faked card, jog）

locator　　［ロケーター］ロケーションのために用いられる目印のカード（＝key-card）

long card　　［ロングカード］特殊カードの一種で普通より長いカード（c.f. short card）

lower　　(a)下の，観客に近い方を「上」といえば，術者に近い方が「下」となる。

(M)

magician's choice　　奇術師の選択。広い意味の強制法の一種。テーブルの上の数枚のカードを自由に選ばせると見せかけて，実は術者の都合どおりに選ばせているというようなテクニック（＝conjurer's choice）

magic wand　　［マジックワンド］魔法の杖の意味。奇術でおまじないを掛ける目的などに使う棒（金属製，木製，プラスティック製などがある。）

maneuver　　策，手法，技法

manipulation　　［マニピュレーション］小手先の技（c.f. sleight of hand, flourish）

mark　　印，印をつける

marked card　　目印をつけたカード，印のあるカード

means　　手法

mechanic's grip　　フォールスディールをするための左手のカードの特殊な持ち方

medium　　霊媒，中間，中くらい

Mene-Tekel deck　　［メネテケルデック，本当はミニテイークルデックと発音する］2枚づつ同一カードが26組計52枚で成る仕掛けカードで，2枚の内一方がショートカードになっている特殊デック，カードを1枚選ばせると同じカードがそこに用意されるという特色がある。

mental magic　　［メンタルマジック］心理現象を演出する奇術。手練を要するか否かは問題ではない（＝spirit magic）。

mental misdirection ［メンタルミス
ディレクション］客の視線を誘導する
physical misdirectionに対し, 客に事実
と異なる考え方を植えつけるための心理
的な誘導法をいう。

method 方法, 秘密, 種, 種明かし
（＝how）

Mexican turn over ［メキシカンター
ンオーバー］1枚のカードをへらのよう
に用いて, テーブルの上のもう1枚の
カードを裏返しつつこれとすりかえる技
法（c.f. turn-over change）

middle finger 中指

middle fingers 中指と薬指の二本の指

milk shuffle ［ミルクシャフル］オー
バーハンドシャフルの形でシャフルしな
がらトップカードと一緒に密かにボトム
カードを取って切る技法。milk build
shuffleともいう。

mind reading 読心術

miracle 奇跡, 奇術

miscall ［ミスコール］あるカードの
名前と全く異なる名前を呼び上げ, 客に
それが正しい名前と思い込ませる手法

miscellany 雑, いろいろ

misdirection ［ミスディレクション］
客に事実と相違した心理を植えつけるた
めのテクニック

modus operandi 方法

monte ［モンテ］カード賭博の一種,
カードでこの賭博をやるという想定の下
で演ずるカード奇術の名称（ex. three
card monte）。

move 方法, 手法, 動き, 動作

multiple shift ［マルチプルシフト］
ファンの中にバラバラに差し入れた数枚
のカードを, シャフルしながら, トップ
又はボトムに持ってくる技法

(N)

nail 爪

nailing 爪でカードに印をつけること。
ギャンブラーの不正行為の一つであるが,
奇術でも使われることが多い。そのよう
なカードは指先で触ると感知することが
できる。

narrow card ［ナローカード］普通の
カードより巾を狭くした特殊カード

natural card ［ナチュラルカード］あ
る枚数目に客のカードが自然に出てくる
という原理のカード奇術

natural jog →ジョグ

nickel （米）5セント硬貨

Nikola system ［ニコラシステム］カー
ドのセットの仕方の一種。アルファベッ
ト文字のそれぞれでカードの名前を現し,
長い文章を暗記することにより, セット
の順序を記憶するシステム

(O)

obliquely 斜めに, 傾けて（＝inclined）

octuple 八重の

odd (a)①奇数の, 半端な ②変な, お
かしな, 奇妙な ③残りの

oil and water ［オイルアンドウォー
ター］水と油, 赤のカードと黒のカード
を混ぜるとまた赤と黒の分離してしまう
という奇術

one ahead system 　［ワンアヘッドシ
ステム］術者の扱いと客の心理が一段づ
つずれているようにするテクニック

one at a time 　一度に一つずつ，1枚
ずつ（＝ singly）

one-way card 　［ワンウェイカード］
バックのデザインが非点対称のカード
（c.f. pointer card）

one-way forcing deck 　フォーシング
デックでフォースするカードが一種類の
もの

openly 　堂々と

out 　［アウト］逃げ道，ある奇術の手
順がうまくいかない場合に異なる奇術に
手順を変えてしまう手段を用意しておく
ことを指す。

outer 　外側の，向こう側の（客に近い
方角の）（c.f. inner）

out-jog 　→ jog

Out of This World 　「赤と黒」と呼ば
れるポールカーリー発案の20世紀の最大
傑作とされるカード奇術

overhand shuffle 　［オーバーハンドシャ
フル］上手切り（西洋人のカードの切り
方），なお，undercut, run, jog, shuffle,
break, throw などはオーバーハンドシャ
フルに伴う一連の動作を表す用語として
用いられる。

overlap 　重なる，重複する，一部分が
一致する

(P)

pack 　［パック］カード一組（a pack of
cards）（＝ deck）

packet 　［パケット］カードを分けた
ときの一部分

pad 　便箋（＝ paper pad）

palm 　①手のひら　②［パーム］掌中に
物を隠し持つ技法，掌の反対側に物を隠
し持つ技法を通常 back palm と呼ぶ。

palming coin 　コイン奇術用のイミテー
ションコイン（仕掛があるわけではない）

pants 　（米）ズボン（＝ trousers）

paraphernalia 　道具，用具，用意する
もの

partially 　部分的に

party 　人，客

pass 　［パス］①密かにカードをカット
する技法　②移す　③おまじないの言葉
（a pass）　④一般に技法のこと（passes）
⑤コイン奇術ではコインを手から手に手
渡す振りをして実際には手渡さない技法

patter 　台詞（せりふ）

peek 　［ピーク］覗き見ること，見えな
いものを見えるようにして見る技法，チ
ラリと見せる（＝ spectator's glimpse）

penetration 　［ペネトレーション］貫
通，貫通の効果を持つ奇術

penny 　①英国の1ペニー銅貨　②米
国の1セント銅貨

perfect 　(a)完全な

perfect riffle shuffle 　完全に1枚づつ
交互に切られるリフルシャフル，同様に
perfect Faro shuffle といえばそのような
ファロシャフルのことを指す。

performer 　術者，演者

perplexing 　当惑するような（＝ buffling,
bewildering, puzzling）

phalange　(n)指骨（(pl) phalanges, phalanxes）

physical misdirection　［フィズィカルミスディレクション］ミスディレクションの中で物理的に客の視線を誘導する手法

picture card　絵札（＝court card）

pile　［パイル］カードを積んだ山（＝heap, packet）

pinch　挟み持つ

pip　カードの印，すなわちダイヤ，クラブ，ハード，スペードの印のこと

plant　①策略，ごまかし　②さくら（＝stooge）

platform　［プラットフォーム］演壇，すなわちテーブルマジックに対してプラットフォームマジックというと，ある程度ステージマジック（舞台奇術）に近い要素を持つ

pocket book　紙入れ，（米）財布（＝wallet）

pointer card　［ポインターカード］フェースが非点対称のカード，上下逆にすると分かるカード（ex. クラブ，ハート，スペードのA，3，5，6，8，9やすべての7のカード）

poker size　［ポーカーサイズ］31／2インチ（88mm）×21／2インチ（63mm）の大きさのカード（c.f. bridge size）

portion　部分（＝part）

pre-arrangement　セットのこと，すなわちあらかじめ術者の都合通りに用意すること，カード奇術ではカードの順序をあらかじめ用意すること

prediction　予言（＝prophecy）

premonition　予感

preparation　用意，準備

presentation　演出，演じ方

pressure fan　［プレッシャーファン］片手にカードを持ち，他方の手でカードを曲げながらファンに広げること，または，そのように作られたファン

prestidigitation　手品，奇術

prestidigitator　奇術師

presto　早く！　変われ！（おまじないの言葉）

procedure　手順（＝process）

process　手順（＝procedure）

produce　①取り出すこと（＝take out）②無から有を生ずること

production　［プロダクション］取り出し，無から有を生ずる効果のある奇術

project　突き出す，突き出させる

prophecy　予言（＝prediction）

props　小道具

protrude　突き出る

pull-through shuffle　［プルスルーシャフル］フォールスリフルシャフルの一種で，テーブルリフルシャフルの形で完全に全部のパックを乱さずに行うフォールスシャフルの技法

push off count 　［プッシュオフカウン
ト］フォールスカウントの一種で，使い
方はバックルカウントと同じである。
バックルカウントではボトムのカードを
密かに左手の指でそらす動作を行うが，
プッシュオフカウントでは左手の親指で
ボトム以外のカードを右に押し出すこと
によって同じ目的を果たす。

put aside 　　側にのけておく

puzzling 　　当惑するような，頭を悩ます
（＝baffling, bewildering, perplex-ing）

(Q)

quadruple lift 　　［クォドルプルリフト］
シークレットリフトの一種で4枚のカー
ドを1枚の如く持ち上げる技法

quarter 　　①1／4 　②（米）25セント
銀貨

quintuple 　　五重の

(R)

random 　　ばらばらな

at random 　　ばらばらに，でたらめに

reader deck 　　［リーダーデック］カー
ドのバックを見るとそのカードの名前が
わかるようになっている仕掛カード

readily (ad) 　　①たやすく（＝easily）
②ただちに（＝at once）

reappearance 　　①再現 　②消失した
ものが再現する効果のある奇術

rear palm 　　［リアパーム］パームの一種
で，手首の近くにカードをパームする技
法，指先を広げることができる。Tenkai's
palmはこれに似ているが，パームされた
カードがより拇指側に寄っている。

release 　　放す，離す

remainder 　　残り（＝balance）

remove 　　①取る 　②動かす 　③取り出す
（＝take out）　④取り去る，取除く

replace 　　返す，戻す

replacement 　　［リプレースメント］パー
ムしたカードをパックのトップやボトム
に密かに戻す技法

requirement 　　用具，用意するもの

requisite 　　用具，用意するもの

restore 　　(v)戻す，返す(n)，復活

reveal 　　示す，見せる，現す

reverse 　　逆にする，ひっくり返す（裏
表にも上下にも用いる表現）

ribbon spread 　　リボン状（帯状）に広
げる

rid 　　取り除く
（ex.）get rid of… 　…を取除く（＝re-
move）

riffle 　　［リフル］①パラパラとめくる
②リフルシャフルする

riffle shuffle 　　［リフルシャフル］綾切り。
カードを二等分し，リフルして互いに切
り混ぜること，その切り方（c.f. waterfall
shuffle）

right 　　①右の 　②正しい 　③うまく
④丁度，

ring finger 　　薬指（＝third finger）

rising card 　［ライジングカード］カードがせりあがってくる効果を持つ奇術

rod 　魔杖（= magic wand）

rough and smooth deck 　［ラフアンドスムーズデック］26枚の同一のカードと26枚の別々のカードからなり，片面がザラザラで片面がツルツルなためにファンに広げても同じカードが現れないという仕掛の特殊デック

routine 　［ルーティン］手順

row 　列

in a row 　一列に，かためて，かたまって

ruffle 　（= riffle）

run 　［ラン］カードを1枚づつシャフルすること

run through（= run over）　カードを1枚づつ手から手へ渡していくこと

(S)

say 　①言う　②…と仮定すると（= suppose, assume）

Scotch poke 　（= center cut）

second deal 　［セコンドディール］→false deal

second finger 　中指（= middle finger）

seconds 　（= second deal →false deal）

secret 　①秘密，種，種明かし　②秘密の

secret addition 　［シークレットアディション］密かにカードを加えてカードの枚数を増やす技法

secret lift 　［シークレットリフト］何枚かのカードを1枚の如く持ちあげる技法（ex. double life, triple lift, quadruple lift）

seemingly 　見かけ上，見たところ（= apparently）

selection 　選ぶこと，選んだカード

self-working trick 　［セルフワーキングトリック］技術の不要な奇術，手順どおりやれば自然にできる奇術

septuple 　七重の

servante 　［サーバント，セルバント］種を密かに取ったり，処理したりする隠し棚

set 　［セット］①カードをある順序で用意しておくこと（= re-arrangement）②セットする，用意する（set up）

sextuple 　六重の

shift 　［シフト］パック内のカードを密かに換える技法で，普通，パスと同義に用いられる（c.f. multiple shift）

short card 　［ショートカード］特殊カードの一種で，普通のカードより短いカード，キーカードに用いられる（c.f. long card）

show 　①ショー　②示す，見せる

show up 　(vi) 現れる（= appear）

shuffle 　［シャフル］切り混ぜる

shuffle off 　オーバーハンドシャフルで，右手のパケットのカードをシャフルしきってしまうこと

shuffle on 　オーバーハンドシャフルで，上半分のパケットの上に予定の枚数だけカードをランすること

side　　カードの長い方の辺，側．(c.f. end)

side bridge　　［サイドブリッジ］→bridge

side glide　　(→glide)

sidewise　　横向きに．(c.f. lengthwise)

　on its side　　横向きに（一方のサイドが上に，もう一方のサイドが下になる。）

sight　　①見る　②密かに見る（= glimpse）

simultaneously　　同時に（= at the same time）

Si Stebbin's system　　［サイステビンズシステム］カードのセットの方法の一種，公差3の等差数列を利用したもの．すなわち，順序は1，4，7，10，K，3，6，9，Q，2，5，8，Jとなる。

slap　　ビシャリと打つ，叩く

sleeving　　［スリービング］袖から種を取ったり，袖に種を処分する技法

sleight　　技法（c.f. technique）

sleight-of-hand　　手練奇術，すなわち手練によって演ずる奇術（c.f. self-working trick）

slick principle　　カードを滑らせる原理．カードに滑材を塗るとか，カードの間に塩を少量置くなどの方法がある。

slide　　①ずらす　②グライドする（→glide）

slip　　滑らせる，こっそり入れる

slip cut　　［スリップカット］トップカードを残し，以下のカードの一部を抜き出すカット方法

slip force　　［スリップフォース］フォースの一種で，特定の位置（例えば，トップ）のカードを客の選んだ位置へ密かに滑り込ませて持ってくる技法

slit　　細長い切り口，細長い孔

snap　　指で弾く

spectator　　客，観客

spectator's glimpse　　カードをリフルしながら，客の指定の位置でリフルを止めて，止まった位置のカードのインデックスをチラリと見せるというカードの選ばせ方（→peek）

spelling effect　　（またはspelling trick）英語の綴りを利用した奇術．カードの名称（例えば，Ace of Spades）の字数を用いて演出する奇術

spirit magic　　［スピリットマジック］心理現象を演出する奇術（= mental magic）

spot　　①カードのフェースにある印（ダイヤ，クラブなど）例えば，four spot(s)といえば数値が4のカード　②見つける，位置を知る（= locate）③見抜く　④覚える

spot card　　絵札でないカード(c.f. picture card, court card)

spring the cards　　［スプリングザカード］カードをそらせておいて，片手から他方の手へと飛ばすこと

square　　①四角　②揃える

stab　　突き刺す

　card stabbing　　カードをナイフなどで突き刺して当てる奇術

stack　　①カードを分けたときの一部分（= pile）②不正な切り方をすること

steal　　［スチール］密かにカードを抜いてパームすること（ex. bottom steal, side steal（= side slip）） step　　［ステップ］カードをずらせて段をつくること

stick　　くっつく（＝adhere）

stock　　ある特定な位置（トップとかボトムとか）に置かれた何枚かのカードの束

stooge　　さくら（＝plant）

stop trick　　ストップ奇術，カード奇術において，客がストップをかけたところから客のカードが現れるという現象の奇術

straighten　　まっすぐにする，のばす

stranger card　　違ったカード，赤色のバックのパックの中に青色のバックのカードがある場合，そのカードを指す。また，客からか借りたカードのなかにあるカードを密かに混入させた場合にはそのカードを指す。

strategy　　策，案（＝dodge）

stretch　　のばす

strip　　（＝cull）

stripper deck　　梯形カード（梯形をしたカードを上下逆にすると指の感覚で感知できることを利用した特殊デック）

suit　　種類，カードの印の種類，ダイヤ，クラブ，ハード，スペードの四種

sundry　　いろいろな，雑多な（＝miscellaneous）

Svengali deck　　［スヴェンガリデック］26枚の同一カードをショートカードとし，その他26枚の普通のカードと一緒にして52枚とした特殊カード

switch　　［スイッチ］すりかえる，すりかえ，客に気づかれないようにすりかえること（c.f. change）

(T)

table magic　　［テーブルマジック］テーブルの上で演ずる奇術

table riffle shuffle　　テーブルを用いるリフルシャフル

tap　　たたく

technique (technic)　　［テクニック］手法，sleightは技法であるが，techniqueは意味が広く手法全体を指す。技法をうまく実行するための態度などもテクニックということがある。

telepathy　　テレパシー，精神感応術，霊感を用いる術

telephone trick　　［テレフォントリック］電話を利用した奇術

Tenkai's palm　　天海パーム，石田天海が開発したパーム法で，レアパームに近いが，カードの位置がずっと，拇指側に寄っている。ステージ向きだが，体の向きによっては近距離マジックでも用いることができる。

tent vanish　　カードを消す演出の一つで，左に持ったカード一組の上に三角形をなすように1枚のカードを立てて保持し，それを右手に取るフリをして消滅させる方法である。

thick card　　キーカードの一種で，普通のカードより厚いもの

third finger　　薬指（＝ring finger）

throw　ポンと置く，放り出す，放り投げる

thrust　差し入れる，差し込む（＝insert）

thumb　拇指，親指

thumb base　拇指の丘部（拇指の付け根の丘状部）

thumb break　break

thumb count　［サムカウント］拇指でカードの枚数を密かに数える技法

  one-hand thumb count　パックを持っている手の拇指でトップからリフルしてカードを数えそれをブレークする手法

  two-hand thumb count　両手を使い，ボトムからリフルして拇指でカードを数える手法

thumb tip　①拇指の先　②［サムチップ］拇指の形をした用具で，種を取ったり，処分したりするために用いる

tilt　①曲げる，傾ける　②［ティルト］，トップカードを密かにそれ以下のカードと離し，その間にカードを差し入れることにより，カードを真ん中に入れたと思わせ，実は上から2枚目に持ってくるという技法

toe　足の指

tobacco　煙草，ただし刻み煙草やパイプ煙草のような煙草の葉のことをさす。紙巻き煙草はcigaretteという。

top　［トップ］①一番上の，一番上のカード（ただし全体が表向きのときは一番下のカード）　②先端，向こう側

  on top（ad）　上に

  on top of…　…の上に（＝on）

on the top of…　…のトップの上に

transpose　置き換える，入れ替える

treble　三重の（＝triple）

trey　3の札

trump　切り札，この言葉から日本語のトランプという言葉が発生した。英語では日本語のトランプをplaying cardsと呼び，trumpとは言わない。

trick　奇術（magicは奇術全体を指し，trickは奇術一種目を指す）

  magic trick　（＝trick）

trickery　奇術，誤魔化し，策，手段

triple cutting　［トリプルカッティング］カードを三分するカットを実行しながら，所定のカードをコントロールする技法

triple lift　［トリプルリフト］シークレットリフトの一種で，3枚のカードを1枚の如く持ちあげる技法

trouser(s) pocket　ズボンのポケット（＝pants pocket）

  upper trousers pocket concealment　ズボンのポケットの上部にカードなどを隠すテクニック

turn　①ひっくり返す（＝turn over）②向きをかえる

turn around　前向きに向き直る

turn away　後ろを向く（＝turn one's back）

turn face down　裏返す

turn face up　表返す

turn-over change ［ターンオーバーチェンジ］パックを持った手でテーブルの上のカードをひっくり返しながらカードをすりかえる技法．Paul Curryの方法が有名である。

turn-over pass ［ターンオーバーパス］カードをひっくり返す動作で行うパス

turn up ①現れる（＝appear）②表返す（＝turn face up）

(U)

U （＝you）

ultra-mental deck ［ウルトラメンタルデック］カードを表向きにして広げていくと1枚だけ裏向きのカードが出てきて，それを表返すと客が心に思ったカードであるという奇術を演ずるための特殊デック（c.f. brain-wave deck）

undercut ［アンダーカット］カードの下半分を抜き取ること

double undercut （＝double cut）

upper (a)上の

upper trousers pocket concealment （→trousers pocket）

uppermost 一番上の

(V)

value カードの数値のこと，A，2，3，4，…J，Q，Kなど

vanish ①消失する（＝disappear）②消失，消失奇術

variation 別法，改案，変化技，（原案と違う演出や技法で奇術を行うこと）

version やり方，手，策

vertically 縦に

vest pocket チョッキのポケット

vice versa 逆も然り，逆も成り立つ，v.v.と略記する。

voluntary assistant 客の一人に手伝いを頼む場合，その助手を指す

V shuffle ［ヴィーシャフル］リフルシャフルの一種で，リフルした後の形がV字形になるのでこの名がある（＝dove-tail shuffle）

(W)

wallet 財布（＝pocket book）

wand 杖，マジックウォンド（＝magic wand）

waterfall shuffle ［ウォーターフォールシャフル］リフルシャフルの一種でリフルした後で滝のようにサラサラとカードを整えるところが特徴である。

wax ［ワックス］蝋，奇術ではものを一時的にくっつける目的にしばしば用いられる。日本の鬢付け油に似ている。

magician's wax 奇術用のワックス（＝conjurer's wax）現在では両面テープで代用されることが多いが，waxにはテープにはない利点もある。

weave shuffle （＝Faro shuffle）

wild card ［ワイルドカード］カードの中に1枚特別なカードがあり，沢山のカードの中にそれを混ぜると全部のカードがそのカードと同じになってしまうという奇術

witchcraft 妖術，魔術，奇術

wizard 魔術師

witch　魔女

(Y)

You do as I do　（= Do as I do）

(Z)

zinc stearate　（= stearate of zinc）
ジンクステアレート，ステアリン酸亜鉛，
カードをファンに開くのを容易にする粉
末（fan powder）の一種

著 者 紹 介

氣賀　康夫（きが　やすお）

【略歴】

東京生まれ。慶應義塾大学経済学部卒業。同大学奇術愛好会三代目幹
事長。また同大学囲碁部OB会に所属。
学生時代より故高木重朗に師事，その後天海IGPで天海師に師事，
1972年石田天海賞受賞。奇術関係のほか，電卓，囲碁に関する著作も
多い。囲碁については井口貝石のペンネーム。
東京アマチュアマジシャンズクラブ元会長，現名誉会員。

【著書】

『トランプマジック』東京堂出版，1996年。
『ステップアップカードマジック』東京堂出版，2005年。
『ビギナーズマジック　技法のいらないやさしいマジック』東京堂出版，
2006年。
『コイン・マジックへの誘い』泉文堂，2021年。

カード・マジック宝石箱
2023年6月1日　　初版第1刷発行

著　　　者	氣賀　康夫	
発 行 者	大坪　克行	
発 行 所	株式会社　泉 文 堂	

〒161-0033　東京都新宿区下落合1-2-16
電話 03-3951-9610　FAX 03-3951-6830

印 刷 所	光栄印刷株式会社
製 本 所	牧製本印刷株式会社

© 氣賀　康夫　2023　　　　　Printed in Japan（検印省略）

ISBN 978-4-7930-0471-1　C2076